Thomas Kalkus-Promitzer

Was zählt, wirkt

Wertearbeit in Coaching und Beratung

Thomas Kalkus-Promitzer

Was zählt, wirkt

Wertearbeit in Coaching und Beratung

Akademie Kalkus - kompakt, Band 2

Impressum

© 2025 Thomas Kalkus-Promitzer - www.meintom.at
Covergestaltung: DI Konrad Promitzer - www.kpdesign.at

Bibliografische Information der Deutschen Nationalbibliothek: Die Deutsche Nationalbibliothek verzeichnet diese
Publikation in der Deutschen Nationalbibliografie; detail-
lierte bibliografische Daten sind im Internet über
http://dnb.dnb.de abrufbar.

Die automatisierte Analyse des Werkes, um daraus Informationen insbesondere über Muster, Trends und Korrela-
tionen gemäß §44b UrhG („Text und Data Mining") zu gewinnen, ist untersagt.

Verlag: BoD · Books on Demand GmbH, Überseering 33,
22297 Hamburg, bod@bod.de

Druck: Libri Plureos GmbH, Friedensallee 273,
22763 Hamburg

ISBN: 978-3-8370-4193-4

Inhaltsverzeichnis

Teil 1: Definition und Handlungsfelder

Was zählt, wirkt: Bedeutung von Werten in Coaching und Beratung

Werte sind nicht nur schöne Worte. Sie sind das Fundament dessen, was Menschen antreibt, berührt und innerlich bewegt. In der Begleitung von Menschen, sei es im Coaching, in der psychosozialen Beratung oder in der Bildung, spielen Werte eine Schlüsselrolle. Sie wirken oft im Hintergrund, bestimmen aber maßgeblich, wie sich Menschen entscheiden, wie sie sich selbst sehen und wie sie ihr Leben gestalten. Wer in Veränderungsprozessen begleitet, sollte verstehen, wie diese inneren Kompassnadeln funktionieren, und wie man sie gemeinsam mit den Klientinnen und Klienten sichtbar, verstehbar und nutzbar machen kann.

Viele Menschen kommen in die Beratung, weil sie spüren, dass etwas nicht mehr passt. Sie fühlen sich zerrissen, blockiert oder orientierungslos. Oft stehen sie an einem Übergang, befinden sich in einer Krise oder sehnen sich nach einem neuen Sinn. Was sie suchen, ist nicht einfach eine Lösung, sondern etwas Tieferes: Klarheit über das, was ihnen wirklich wichtig ist. Hier beginnt die Wertearbeit. Denn wer seine zentralen Werte erkennt und bewusst lebt, gewinnt an innerer Stabilität und zugleich an Beweglichkeit. Beides braucht es, um stimmige Entscheidungen zu treffen und sich aus vollem Herzen weiterzuentwickeln.

Werte geben dem Leben Richtung. Sie helfen, zwischen dem Wesentlichen und dem Belanglosen zu unterscheiden. Sie strukturieren unser Denken, lenken unsere

Wahrnehmung und beeinflussen unsere Kommunikation. Gleichzeitig sind sie nicht starr. Sie entwickeln sich weiter, je nach Lebensphase, Kontext und Erfahrung. Ein junger Erwachsener kann zum Beispiel dem Wert Freiheit einen zentralen Stellenwert einräumen, während für eine Mutter mit kleinen Kindern Fürsorge oder Sicherheit in den Vordergrund rücken. Diese Veränderbarkeit macht Wertearbeit so dynamisch und gleichzeitig so tiefgreifend.

In Coaching und Beratung entfaltet Wertearbeit dann ihre größte Kraft, wenn sie nicht dogmatisch betrieben wird, sondern als Einladung zur Selbstklärung. Es geht nicht darum, Menschen zu sagen, was „richtige" Werte sind. Es geht darum, gemeinsam mit ihnen zu entdecken, welche Werte sie bereits leben, welche sie unterdrücken und welche sie vielleicht neu integrieren möchten. Oft liegt die Lösung eines inneren Konflikts nicht im Erreichen eines Ziels, sondern im Wiederfinden eines verlorengegangenen Wertes.

Wertearbeit ist auch ein Zugang zur Tiefe. Wer mit Menschen über ihre Werte spricht, berührt eine sehr persönliche Ebene. Es geht um Würde, um Identität, um das, was Menschen im Innersten antreibt. Deshalb braucht diese Arbeit Achtsamkeit, Respekt und Präsenz. Es genügt nicht, eine Wertekarten-Methode einzusetzen oder über Prioritäten sprechen zu lassen. Es geht darum, Raum zu schaffen für das, was sich zeigen will. Dafür braucht es Zeit, Vertrauen und eine klare, wohlwollende Haltung.

Die beratende Person selbst spielt in der Wertearbeit eine entscheidende Rolle. Nur wer sich der eigenen Werte bewusst ist, kann die der anderen wirklich anerkennen. Das bedeutet nicht, dass die eigenen Werte den Maßstab bilden dürfen. Im Gegenteil: Je klarer du deine eigene innere Landkarte kennst, desto freier wirst du im Zuhören, im Fragen, im Raumgeben. Und desto leichter fällt es dir, Spannungen auszuhalten, die sich manchmal ergeben, wenn Klientinnen und Klienten Werte vertreten, die dir vielleicht fremd oder widersprüchlich erscheinen.

Wertearbeit ist keine Methode unter vielen, sondern ein zentrales Fundament für gelingende Veränderung. Sie bringt Menschen in Kontakt mit ihrer inneren Wahrheit. Sie motiviert nicht durch äußeren Druck, sondern durch innere Überzeugung. Wer weiß, warum etwas wichtig ist, kann leichter Ja oder Nein sagen. Wer in Einklang mit den eigenen Werten handelt, erlebt Sinn, Verbundenheit und Selbstwirksamkeit. Genau das ist es, was Coaching und Beratung leisten können, wenn sie Werte ernst nehmen.

Gerade in unserer komplexen, widersprüchlichen Welt braucht es diese Form der inneren Orientierung. Menschen sind konfrontiert mit einem Übermaß an Optionen, Informationen und Erwartungen. Sie sollen funktionieren, flexibel sein, sich anpassen, und gleichzeitig sie selbst bleiben. Das gelingt nur, wenn sie wissen, woran sie sich innerlich halten können. Werte sind dafür kein Luxus. Sie sind Überlebenshilfe, Stabilitätsanker und Entwicklungskraft zugleich.

Als Coach oder Berater:in begleitest du nicht nur Problemlösungen, sondern Lebenswege. Du hilfst Menschen dabei, ihre Geschichte neu zu verstehen, ihr Heute bewusst zu gestalten und ihrem Morgen eine Richtung zu geben. Werte sind dabei nicht der Endpunkt, sondern der Ausgangspunkt. Sie geben Tiefe, sie geben Richtung, sie geben Sinn. Wer mit ihnen arbeitet, arbeitet nicht nur am Verhalten, sondern am Wesen.

Wertearbeit bringt oft Überraschungen zutage. Manche Menschen entdecken, dass sie jahrelang einem Wert gefolgt sind, der eigentlich gar nicht ihrer war. Andere erkennen, dass ein verdrängter Wert sich immer wieder auf indirektem Weg in ihr Leben drängt. Manche spüren plötzlich, dass ein Wert, den sie für selbstverständlich hielten, doch verhandelbar ist. Und manche erleben das Glück, endlich in Übereinstimmung mit dem zu leben, was ihnen wirklich wichtig ist. Solche Momente sind berührend. Sie machen deutlich, dass es in der Begleitung von Menschen nicht nur um Ziele geht, sondern um Wahrheit, um Würde und um Wachstum.

Was zählt, wirkt. Diese einfache Aussage trägt eine große Kraft in sich. Denn das, was für einen Menschen zählt, formt sein Denken, Fühlen und Handeln. Es prägt seine Entscheidungen, seine Beziehungen und seine Zukunft. Und wenn du als Coach oder Berater:in den Mut hast, mit Menschen genau dort hinzuschauen, wo es zählt, dann wirst du erleben, wie Veränderung geschieht. Nicht durch Druck, nicht durch Tricks, sondern durch Klarheit, Verbundenheit und innere Stimmigkeit.

Am Ende dieses Kapitels lade ich dich zu einer kleinen, aber kraftvollen Übung ein. Sie richtet sich an dich als beratende Person, denn Wertearbeit beginnt immer bei dir.

Mini-Übung: Dein persönlicher Wertekompass

Nimm dir zwanzig Minuten ungestörte Zeit, ein leeres Blatt Papier und einen Stift. Beantworte die folgenden Fragen ehrlich und ohne Zensur:

1. Welche fünf Werte sind dir in deinem Leben aktuell besonders wichtig?
2. Wo in deinem Alltag kommen diese Werte zum Ausdruck?
3. Gibt es einen dieser Werte, den du gerne stärker leben würdest?
4. Wo lebst du vielleicht gegen einen deiner zentralen Werte?
5. Was könntest du konkret verändern, um im Einklang mit deinen Werten zu leben - in deinem Beruf, in deinen Beziehungen, in deinem Umgang mit dir selbst?

Wenn du möchtest, gestalte dein Blatt kreativ. Nutze Farben, Symbole oder Metaphern. Lass deinen inneren Kompass sichtbar werden. Vielleicht entsteht daraus ein Leitbild für deine eigene Praxis. Vielleicht auch nur ein erster Funke. Beides ist gut. Denn was zählt, wirkt, und was wirkt, darf wachsen.

Was sind Werte?

Werte sind in aller Munde, doch selten nehmen wir uns die Zeit, wirklich zu verstehen, was damit gemeint ist. Viele sprechen von Wertschätzung, Verantwortung oder Freiheit, doch was steckt hinter diesen Begriffen? Was macht einen Wert zu einem Wert? Und warum lohnt es sich, sich gerade im Coaching und in der Beratung intensiv mit dieser Frage zu beschäftigen?

Werte sind keine modischen Schlagworte. Sie sind psychologisch wirksame Orientierungsgrößen, die unser Denken, Fühlen und Handeln tiefgreifend beeinflussen. Sie helfen uns, Bedeutung zu konstruieren, Entscheidungen zu treffen und uns selbst in der Welt zu verorten. Wenn Menschen über das sprechen, was ihnen wichtig ist, sprechen sie über ihre Werte. Und wenn sie das Gefühl haben, ihr Leben sei aus dem Gleichgewicht geraten, dann geht es häufig darum, dass zentrale Werte nicht mehr gelebt werden können oder dass sie in Konflikt zueinander stehen.

Ein Wert ist eine bewusste oder unbewusste Überzeugung darüber, was im Leben als gut, wünschenswert oder richtig gilt. Werte wirken als Leitlinien, die unser Verhalten strukturieren. Sie sagen uns nicht, was wir tun sollen, aber sie beeinflussen, wie wir das, was wir tun, bewerten. Sie helfen uns, zwischen richtig und falsch, zwischen bedeutsam und belanglos zu unterscheiden. Dabei sind Werte nicht objektiv messbar. Sie sind subjektiv empfunden, oft emotional aufgeladen und tief in unserer Biografie verwurzelt.

In der psychologischen Forschung wird häufig auf die Definition von Shalom Schwartz verwiesen, einem Sozialpsychologen, der Werte als überdauernde Überzeugungen beschreibt, die bestimmten Verhaltensweisen oder Lebenszielen Vorrang einräumen. In seinem ursprünglichen Modell unterschied Schwartz zehn sogenannte Wertekategorien, die sich kreisförmig anordnen lassen. Dazu gehören Sicherheit, Leistung, Macht, Selbstbestimmung, Universalismus, Tradition, Konformität, Hedonismus, Stimulation und Wohlwollen. Diese Typologie zeigt, dass Werte nicht isoliert existieren, sondern in Beziehung zueinander stehen. Manche ergänzen sich, andere geraten in Spannung. Wer beispielsweise gleichzeitig Sicherheit und Abenteuer sucht, erlebt innere Reibung. Genau dort kann Coaching ansetzen.

Später wurde dieses Modell gemeinsam mit Kolleginnen und Kollegen weiterentwickelt und differenziert. Aus den zehn ursprünglichen Kategorien entstanden insgesamt neunzehn einzelne Werte, die feiner voneinander abgegrenzt sind und ein noch differenzierteres Bild der menschlichen Motivstruktur ermöglichen. Diese Erweiterung erlaubt es, Unterschiede zwischen ähnlichen Werten wie etwa Selbstachtung und Erfolg oder zwischen Tradition und Demut besser zu erfassen. Für die Praxis der Beratung bedeutet das: Je präziser ein Mensch benennen kann, welcher Wert ihn tatsächlich leitet, desto wirksamer kann er Entscheidungen treffen, Ziele formulieren und Prioritäten setzen. Die Arbeit mit dieser erweiterten Struktur eröffnet neue Zugänge zu Selbstklärung, Motivation und Veränderungsprozessen. Ein weiterer psychologischer Zugang kommt aus der humanistischen Psychologie, insbesondere durch die

Arbeit von Carl Rogers. Er verstand Werte als Ausdruck des organismischen Bewertungsprozesses, also einer inneren Stimme, die uns in Richtung Wachstum, Selbstverwirklichung und Authentizität führt. Diese innere Stimme basiert auf der Annahme, dass Menschen grundsätzlich das Bestreben in sich tragen, sich konstruktiv zu entwickeln, wenn sie in einem unterstützenden Umfeld agieren können. Rogers betonte, dass Werte nicht aufgedrängt oder übernommen werden sollten, sondern in einem Klima der Echtheit, Empathie und bedingungslosen positiven Zuwendung wachsen. Nur wenn ein Mensch sich angenommen fühlt, kann er sich auf seine eigene innere Wahrheit einlassen und authentisch entwickeln.

Dieser Ansatz ist besonders relevant für beratende Berufe, da er die Selbstverantwortung der Klientinnen und Klienten in den Mittelpunkt stellt. Die Rolle der beratenden Person besteht darin, einen Raum zu schaffen, in dem sich individuelle Werte zeigen dürfen, ohne bewertet zu werden. Dies fördert nicht nur die Selbstakzeptanz, sondern auch die Fähigkeit, stimmige Entscheidungen zu treffen und in Einklang mit den eigenen Werten zu leben. In einer von Leistungsdruck und normativen Erwartungen geprägten Gesellschaft wirkt dieser Ansatz wie ein Gegengewicht, menschlich, klar und ermutigend zugleich.

Auch in der Logotherapie nach Viktor Frankl spielen Werte eine zentrale Rolle. Frankl sah den Sinn des Lebens nicht als abstraktes Konzept, sondern als etwas, das durch die Verwirklichung persönlicher Werte entsteht. Für ihn war klar: Der Mensch kann selbst unter schwierigen Umständen Erfüllung finden, wenn er einen Wert erkennt, den er leben kann. Dabei betonte Frankl, dass Sinn nicht gegeben ist, sondern gefunden werden muss. Er entsteht im aktiven Bezug zu etwas oder jemandem, das außerhalb des eigenen Selbst liegt, sei es durch schöpferisches Tun, durch das Erleben von Natur, Liebe oder Kunst oder durch die Haltung, die ein Mensch in unvermeidlichem Leid einnimmt.

Werte stehen für Frankl im Zentrum dieser Sinnfindung. Sie sind Ausdruck einer existenziellen Freiheit: selbst dann noch Haltung zu zeigen, wenn man keine äußeren Handlungsmöglichkeiten mehr hat. Diese Sichtweise erweitert die Bedeutung von Werten weit über moralische oder kulturelle Kategorien hinaus. Sie werden zu existenziellen Bezugspunkten, die selbst in Grenzsituationen Orientierung geben können. In der Begleitung von Menschen in Krisen, in Phasen der Trauer oder bei bedeutenden Lebensübergängen eröffnet diese Haltung eine große Tiefe. Sie würdigt nicht nur die Belastung, sondern auch die Fähigkeit des Menschen, aus ihr heraus neue Sinnbezüge und Werte zu erschließen, die dem Leben wieder Richtung geben.

Was alle diese Perspektiven gemeinsam haben, ist die Überzeugung, dass Werte nicht bloß abstrakte Ideen sind, sondern reale, psychologisch wirksame Kräfte. Sie geben Halt, Identität und Richtung. Sie helfen, mit Unsicherheiten umzugehen, Prioritäten zu setzen und innerlich klar zu bleiben. Wer sich seiner Werte bewusst ist, lebt nicht automatisch konfliktfrei, aber er oder sie kann bewusster mit inneren und äußeren Spannungen umgehen.

Werte entstehen nicht im luftleeren Raum. Sie sind eingebettet in unsere Kultur, unsere Geschichte und unsere sozialen Beziehungen. Manche Werte übernehmen wir früh, zum Beispiel aus dem Elternhaus, durch Schule oder religiöse Prägung. Entwicklungspsychologisch lassen sich dabei drei wesentliche Phasen unterscheiden: die Prägeperiode, die Modellierperiode und die Sozialisationsperiode. In der Prägeperiode, die ungefähr bis zum Alter von sieben Jahren reicht, nehmen Kinder Werte durch direkte Erlebnisse und emotionale Bindungen auf. Diese Werte sind häufig tief verankert und unbewusst wirksam. In der darauffolgenden Modellierperiode, etwa zwischen dem achten und vierzehnten Lebensjahr, orientieren sich junge Menschen stark an Vorbildern außerhalb des engsten Familienkreises, zum Beispiel an Lehrerinnen, Freundeskreisen oder medialen Persönlichkeiten. Die Werte in dieser Phase sind oft in Bewegung, da Identität sich in der Auseinandersetzung mit der Umwelt formt. In der Sozialisationsperiode, die sich über die Jugendzeit bis ins frühe Erwachsenenalter erstreckt, stabilisieren sich die übernommenen Werte oder werden aktiv hinterfragt und neu geordnet. Diese Phase ist geprägt von zunehmender Selbstverantwortung und ersten eigenständigen Entscheidungen.

Andere Werte entstehen später, durch eigene Erfahrungen, durch Krisen, Verluste oder inspirierende Begegnungen. Viele Menschen übernehmen Werte zunächst unreflektiert und merken erst im Erwachsenenalter, dass sie in einem inneren Korsett leben, das nicht mehr zu ihnen passt. Genau hier beginnt die wertvolle Arbeit der Selbstklärung. Welche Werte gehören wirklich zu mir? Welche darf ich loslassen? Welche will ich vielleicht neu entdecken?

Ein zentrales Merkmal von Werten ist ihre hierarchische Struktur. Manche Werte sind tief verwurzelte Grundwerte. Andere sind flexibler, eher situationsabhängig. In Coaching und Beratung kann es hilfreich sein, diese Hierarchien sichtbar zu machen. Wenn jemand etwa zwischen zwei Optionen schwankt, hilft oft die Frage: Welcher Wert steht hinter dieser Entscheidung? Und welcher wiegt im Moment schwerer? So wird eine vermeintlich rationale Entscheidung mit innerer Bedeutung aufgeladen und dadurch tragfähiger.

Die Unterscheidung zwischen Selbsttranszendenz und Selbstverstärkung, wie sie ebenfalls im Modell von Schwartz vorkommt, bietet hier zusätzliche Orientierung. Werte der Selbsttranszendenz wie Gerechtigkeit, Mitgefühl oder Nachhaltigkeit richten den Blick auf das größere Ganze. Werte der Selbstverstärkung wie Erfolg, Einfluss oder Kontrolle zielen stärker auf persönliche Vorteile. Beide Pole haben ihre Berechtigung. Entscheidend ist das Gleichgewicht und die Bewusstheit, mit der sie gelebt werden.

Auch die Spannung zwischen stabilisierenden Werten wie Ordnung, Tradition oder Sicherheit und veränderungsorientierten Werten wie Neugier, Kreativität oder Freiheit ist in vielen Coachingprozessen deutlich spürbar. Wer in eine neue Lebensphase aufbricht, muss oft einen stabilisierenden Wert loslassen, um etwas Neues zu integrieren. Das kann verunsichern, aber auch befreien. Wenn dieser Prozess professionell begleitet wird, entsteht Entwicklung.

Wenn du Menschen in ihrer Entfaltung begleitest, wirst du diese Dynamiken immer wieder erleben. Mal geht es darum, einen übernommenen Wert loszulassen. Mal darum, einen verdrängten Wert zu würdigen. Mal um das Priorisieren gleichwertiger Anliegen. Und oft um die Frage, wie ein Mensch seine Werte mit dem Leben, das er führt, in Einklang bringen kann. Genau hier liegt die Kraft der Wertearbeit. Sie macht sichtbar, was trägt. Und sie hilft, neu zu entscheiden, wohin der eigene Weg führen soll.

Werte sind keine Checklisten. Sie sind lebendige Orientierungspunkte, die uns helfen, mit Widersprüchen zu leben, mit Unsicherheiten umzugehen und Entscheidungen zu treffen, die sich nicht nur vernünftig, sondern auch wahr anfühlen. Sie schlagen eine Brücke zwischen dem, was wir tun, und dem, was uns innerlich bewegt. Deshalb lohnt es sich, mit ihnen zu arbeiten. Und deshalb lohnt es sich, immer wieder innezuhalten und zu fragen: Was ist mir wirklich wichtig? Was zählt für mich? Zum Abschluss dieses Kapitels lade ich dich zu einer kleinen Übung ein, die dich dabei unterstützt, deinen eigenen Begriff von Werten zu schärfen. Denn Wertearbeit beginnt nicht bei Theorien, sondern bei dir.

Mini-Übung: Deine persönliche Wertedefinition

Nimm dir zehn bis fünfzehn Minuten Zeit. Setze dich an einen ruhigen Ort, nimm ein leeres Blatt und beantworte die folgenden Fragen so ehrlich wie möglich:

1. Was bedeutet das Wort Wert für dich ganz persönlich?
2. Welche Erfahrungen in deinem Leben haben dich besonders geprägt in Bezug auf Werte?
3. Wie unterscheidest du für dich einen Wert von einem Ziel oder einem Bedürfnis?
4. Welche drei Werte haben in deinem Leben immer wieder eine Rolle gespielt?
5. Wenn du jemandem zum ersten Mal von Wertearbeit erzählen würdest: Was wären deine wichtigsten Gedanken dazu?

Lies deine Antworten in Ruhe durch. Vielleicht findest du darin eine neue Klarheit. Vielleicht auch nur eine gute Frage, die du weiter mit dir tragen möchtest. Beides ist hilfreich. Denn was zählt, wirkt. Und was wirkt, verdient Beachtung.

Werte vs. Normen, Bedürfnisse, Ziele und Tugenden

Wer mit Menschen über Werte spricht, wird schnell feststellen, dass Begriffe wie Normen, Bedürfnisse, Ziele oder Tugenden oft damit vermischt oder verwechselt werden. Diese Begriffe ähneln sich inhaltlich, doch sie beschreiben unterschiedliche Ebenen des menschlichen Erlebens und Handelns. Um Klarheit in die Wertearbeit zu bringen, ist es hilfreich, diese Unterschiede zu verstehen. Denn nur wer weiß, worüber er spricht, kann präzise begleiten und gezielt Impulse setzen.

Werte sind innere Haltungen und Überzeugungen darüber, was im Leben gut, wichtig und richtig ist. Sie wirken orientierend, sinnstiftend und motivierend. Werte stehen nicht für konkrete Handlungen, sondern für grundlegende Qualitäten, die das eigene Leben und Handeln durchdringen. Ein Mensch, dem der Wert „Freiheit" wichtig ist, wird sich tendenziell für ein Leben entscheiden, das von Selbstbestimmung, Eigenverantwortung und offenen Möglichkeiten geprägt ist.

Normen hingegen sind gesellschaftlich oder kulturell vereinbarte Regeln. Sie schreiben vor, welches Verhalten in einer bestimmten Gemeinschaft als akzeptabel oder erwünscht gilt. Während Werte sehr individuell sein können, sind Normen stark durch den sozialen Kontext geprägt. Sie verändern sich über Zeit und Kultur und sind oft mit Sanktionen oder sozialer Anerkennung verbunden. Ein Beispiel: Pünktlichkeit kann als Norm in einer Kultur hoch bewertet sein, ohne dass sie zwangsläufig ein persönlicher Wert sein muss.

Normen wirken häufig unbewusst. Sie bestimmen, wie Menschen sich in sozialen Gruppen verhalten, was als höflich, angemessen oder respektvoll gilt. Dabei werden sie meist nicht hinterfragt, sondern als selbstverständlich erlebt. Diese Selbstverständlichkeit kann in Coaching- oder Beratungssituationen eine unsichtbare Kraft entfalten: Menschen orientieren sich an Normen, ohne zu merken, dass sie dadurch eigene Werte vernachlässigen oder verdrängen. Ein Klient, der stets Rücksicht nimmt, Konflikte meidet und sich an gesellschaftliche Erwartungen anpasst, könnte sich in Wahrheit stark nach Authentizität oder Freiheit sehnen. Erst die bewusste Auseinandersetzung mit Normen öffnet den Raum für eine ehrliche Werteklärung.

Zudem gibt es unterschiedliche Ebenen von Normen: explizite Normen wie Gesetze oder Regeln im beruflichen Kontext, aber auch implizite Normen wie soziale Konventionen, unausgesprochene Erwartungen oder gruppendynamische Codes. Diese subtilen Einflüsse zu erkennen, ist ein wichtiger Schritt in der Beratung. Denn wer seine eigenen Werte klar leben will, muss auch den Mut entwickeln, sich gegebenenfalls von bestimmten Normen zu distanzieren, die nicht (mehr) zur eigenen Lebenshaltung passen. Wertearbeit bedeutet daher auch, Normen zu hinterfragen, anstatt sie ungeprüft zu übernehmen.

Bedürfnisse beschreiben grundlegende körperliche, psychische oder soziale Voraussetzungen für das

Wohlbefinden. Sie sind universell, das heißt: Alle Menschen teilen sie, auch wenn sie sich in ihrer Ausprägung, Intensität oder Wichtigkeit unterscheiden können. Die bekannte Bedürfnispyramide von Maslow zeigt eine mögliche Einordnung: von physiologischen Grundbedürfnissen wie Nahrung, Schlaf und Wärme über Schutz und Sicherheit, soziale Zugehörigkeit und Anerkennung bis hin zur Selbstverwirklichung. Spätere Erweiterungen ergänzten diese Pyramide um transzendente Bedürfnisse wie Sinn, Spiritualität und Verbindung zu etwas Größerem.

Bedürfnisse sind unmittelbarer und grundlegender als Werte. Sie sind existenziell, überlebenswichtig und oft körperlich oder emotional spürbar. Während Werte abstrakt und normativ sein können, zeigen sich Bedürfnisse in konkreten Empfindungen wie Hunger, Angst, Nähewunsch oder dem Wunsch nach Wirksamkeit. Sie sind Ausdruck unseres Menschseins, unabhängig von kulturellen oder individuellen Unterschieden.

Werte hingegen geben Orientierung, wie Bedürfnisse auf eine für mich stimmige, persönlich integrierte und langfristig sinnvolle Weise erfüllt werden können. So kann etwa das Bedürfnis nach Zugehörigkeit ganz unterschiedlich gelebt werden, je nachdem, ob jemand dabei den Wert Familie, Gemeinschaft, Loyalität oder Unabhängigkeit stärker gewichtet. Genau an diesem Punkt wird Wertearbeit besonders bedeutsam: Sie hilft, nicht nur zu spüren, was fehlt, sondern auch zu verstehen, was im Leben wirklich getragen und gelebt werden möchte. Erst durch diese Verbindung entsteht Tiefe und echte Entwicklung.

Ziele sind konkrete, erreichbare Zustände, die eine Person anstrebt. Sie sind zeitlich begrenzt und messbar. Ziele bieten Struktur und Ausrichtung im Alltag und helfen, Handlungsschritte zu planen und Fortschritt zu überprüfen. Sie können Ausdruck von Werten sein, müssen es aber nicht. Ein Ziel wie „Ich will eine Beförderung erreichen" kann dem Wunsch nach Anerkennung, Einfluss oder finanzieller Sicherheit entspringen. Dahinter könnten Werte wie Verantwortung, Wachstum oder Selbstverwirklichung stehen. Wer zum Beispiel das Ziel hat, ein eigenes Unternehmen zu gründen, kann damit den Wert „Unabhängigkeit" verwirklichen.

Doch nicht jedes Ziel ist automatisch wertbasiert. Manche Menschen übernehmen Ziele, weil sie von ihrem Umfeld als erstrebenswert angesehen werden oder weil sie einem gesellschaftlichen Ideal entsprechen. Ziele können dann aus Anpassung, aus Angst vor Ablehnung oder aus dem Wunsch nach Zugehörigkeit entstehen. Solche Ziele mögen kurzfristig motivieren, doch oft fehlt ihnen die innere Tiefe und persönliche Bedeutung. Wenn Erfolge sich trotz Zielerreichung leer anfühlen oder Unzufriedenheit bestehen bleibt, lohnt es sich, genauer hinzuschauen.

Gerade in der Beratung ist es deshalb sinnvoll, Ziele nicht isoliert zu betrachten, sondern im Licht der dahinterliegenden Werte zu prüfen. Die Frage „Was genau wäre dir daran wichtig?" kann Türen öffnen zu den tieferliegenden Motiven. Erst wenn ein Ziel mit einem inneren Wert in Verbindung steht, wird es sinnhaft und motivierend. Dann entsteht ein kraftvoller Antrieb, der nicht nur auf äußere Ergebnisse ausgerichtet ist, sondern auch auf innere Stimmigkeit. Ziele, die auf Werten basieren, führen häufiger zu nachhaltiger Zufriedenheit, weil sie Ausdruck dessen sind, was Menschen wirklich bewegt und erfüllt.

Tugenden schließlich bezeichnen charakterliche Qualitäten, die in einer bestimmten Kultur oder Gemeinschaft als vorbildlich gelten. Sie sind häufig idealisierte Ausdrucksformen von Werten. Mut, Besonnenheit, Gerechtigkeit oder Fleiß sind Beispiele für Tugenden, die in vielen Traditionen eine wichtige Rolle spielen. Im Unterschied zu Werten sind Tugenden meist moralisch aufgeladen und werden eher als Ideal denn als subjektive Orientierung erlebt. In der Wertearbeit kann es sinnvoll sein, Klientinnen und Klienten zu fragen, ob es sich bei einer genannten Qualität um ein tief empfundenes persönliches Anliegen handelt oder eher um ein erlerntes Ideal, das von außen übernommen wurde.

Diese begriffliche Unterscheidung ist nicht akademisch. Sie hilft dir, als Coach oder Berater:in präzise zu fragen, Unschärfen aufzulösen und Klientinnen und Klienten zu unterstützen, ihre inneren Beweggründe besser zu verstehen. Wenn jemand sagt: „Mir ist wichtig, dass ich gut funktioniere", dann kann das Ausdruck eines Bedürfnisses nach Sicherheit sein, eines Ziels, das aus Leistungsdruck entsteht, oder eines tief verwurzelten Wertes wie Zuverlässigkeit. Nur wenn du genau hinschaust und nachfragst, kannst du gemeinsam mit dem Gegenüber klären, worum es wirklich geht.

Alle diese Ebenen sind wichtig. Doch in der Wertearbeit geht es darum, die persönliche, individuelle Kraftquelle zu aktivieren. Und die liegt im ehrlichen, bewussten Kontakt mit dem, was für einen Menschen wirklich zählt.

Mini-Übung: Klärung durch Unterscheidung

Denk an eine Entscheidung, die dir in letzter Zeit schwergefallen ist. Schreib in einem kurzen Absatz auf, worum es ging. Dann prüfe:

1. Welche Bedürfnisse standen hinter dieser Entscheidung?
2. Gab es gesellschaftliche oder familiäre Normen, die dich beeinflusst haben?
3. Hattest du ein konkretes Ziel vor Augen?
4. Welche Tugend hast du vielleicht erfüllen wollen?
5. Und schließlich: Welcher persönliche Wert war für dich in diesem Moment wirklich berührt?

Wenn du diese Ebenen trennst, wird oft deutlich, worum es dir in der Tiefe geht. Genau das ist der erste Schritt zur Klarheit und zur stimmigen Entscheidung

Kulturelle, individuelle und soziale Dimensionen von Werten

Wenn du mit Menschen in Coaching oder Beratung arbeitest, wirst du schnell merken, dass Werte keine isolierten Konstrukte sind. Sie entstehen nicht im luftleeren Raum, sondern im Spannungsfeld zwischen individueller Biografie, sozialem Umfeld und kulturellem Kontext. Für dich als Coach oder Berater:in ist es zentral, diese verschiedenen Dimensionen im Blick zu behalten. Denn nur so kannst du die Vielfalt und Tiefe der Werte verstehen, die deine Klientinnen und Klienten bewegen.

Kulturelle Dimension

Jede Kultur vermittelt bestimmte Wertvorstellungen, die über Sprache, Erziehung, Medien und soziale Rituale weitergegeben werden. Diese kollektiven Werte prägen unbewusst unsere Sicht auf das Leben: Was gilt als erstrebenswert? Wofür lohnt es sich zu kämpfen? Was bedeutet ein erfülltes Leben? In westlich geprägten Kulturen werden häufig Werte wie Selbstbestimmung, persönliche Freiheit und Individualismus hochgehalten. In anderen kulturellen Kontexten hingegen stehen Gemeinschaft, Harmonie oder spirituelle Verbundenheit stärker im Vordergrund.

Für dich in der Praxis bedeutet das: Achte sensibel auf kulturelle Prägungen, die Klientinnen und Klienten mitbringen. Was für dich selbstverständlich erscheint, kann für andere ungewohnt oder sogar irritierend sein. Gerade in interkulturellen Settings braucht es Offenheit, ein ehrliches Interesse und manchmal die Bereitschaft, eigene Werteüberzeugungen zu hinterfragen. Wertearbeit ist hier ein Brückenbau zwischen Weltsichten, Haltungen und Lebensrealitäten.

Individuelle Dimension

Auch wenn wir kulturell geprägt sind, formt sich unser Wertesystem durch unsere ganz persönliche Geschichte. Biografische Erfahrungen, Vorbilder, Krisen, Erfolge und Verluste hinterlassen Spuren. Aus diesen Erfahrungen entstehen individuelle Werthaltungen, die tief mit der Identität eines Menschen verbunden sind. Als Coach oder Berater:in begleitest du Menschen dabei, sich dieser inneren Kompassnadel bewusst zu werden.

Stelle Fragen, die Herz und Verstand ansprechen: In welchen Momenten hat dein Gegenüber tiefe Erfüllung erlebt? Was hat ihn oder sie berührt, inspiriert, getragen? Welche Entscheidungen fühlten sich besonders stimmig an und warum? Solche Fragen helfen, individuelle Werte sichtbar zu machen. Und sie eröffnen Wege, sich selbst klarer zu sehen.

Soziale Dimension

Werte entstehen im Dialog mit anderen Menschen, in Beziehungen, in Systemen. Familie, Schule, Freundeskreise, berufliche Netzwerke und soziale Medien wirken als Vermittler und Verstärker bestimmter Werte. Manche davon werden bewusst übernommen, andere wirken im Hintergrund weiter. Als Coach oder Berater:in lohnt es sich, genau hinzuschauen: Welche Werte wurden von außen übernommen? Welche stammen wirklich aus dem Inneren?

Gerade in konflikthaften Situationen zeigt sich oft, wie stark der Einfluss des sozialen Umfelds ist. Ein Mensch, der ständig Erwartungen erfüllen will, obwohl er sich innerlich nach Freiheit sehnt, steckt vielleicht zwischen dem sozialen Wert der Anpassung und dem individuellen Wert der Selbstverwirklichung. Solche Spannungsfelder sind fruchtbarer Boden für Wertearbeit. Sie eröffnen einen geschützten Raum, in dem Menschen ihre Werte neu sortieren, Altes loslassen und Eigenes kraftvoll entwickeln können.

Dynamik und Zusammenspiel der Dimensionen

Diese drei Dimensionen, kulturell, individuell und sozial, wirken ständig zusammen. Sie durchdringen sich, fordern sich gegenseitig heraus und ermöglichen Entwicklung. In der professionellen Begleitung geht es deshalb nicht darum, einen Wert eindeutig zuzuordnen, sondern darum, die Vielfalt der Einflüsse zu würdigen. Genau darin liegt die Tiefe guter Wertearbeit: Sie schafft Verständnis, wo vorher nur Irritation war. Sie eröffnet Wahlmöglichkeiten, wo zuvor scheinbare Zwänge herrschten.

Wenn du dich als Coach oder Berater:in auf diese Komplexität einlässt, schaffst du Räume für echte Selbstklärung. Du hilfst Menschen, ihre Wurzeln zu verstehen und ihre Flügel auszubreiten, mit innerer Klarheit und äußerer Handlungsfähigkeit.

Mini-Übung: Wertespiegel im Lebenskontext

Wähle einen Wert, der dir aktuell besonders wichtig ist. Dann beantworte schriftlich die folgenden Fragen:

1. Woher stammt dieser Wert? Welche kulturellen, sozialen oder persönlichen Einflüsse könnten ihn geprägt haben?
2. In welchen Lebensbereichen lebst du diesen Wert bewusst?
3. Wo gerätst du mit ihm in Konflikt, etwa mit anderen Menschen, mit gesellschaftlichen Erwartungen oder mit dir selbst?
4. Was würdest du verändern, wenn du diesem Wert noch klarer Raum geben würdest?

Diese Übung hilft dir, die Herkunft und Wirkung deiner Werte differenzierter zu verstehen. Und sie eröffnet dir Wege, deine Werte nicht nur zu kennen, sondern sie aktiv und mutig zu leben.

Werte in der Lebensspanne: Zwischen Stabilität und Wandel

Werte begleiten Menschen durch ihr gesamtes Leben. Sie prägen die Art, wie wir denken, fühlen und handeln. Doch sie bleiben nicht immer gleich. Manche Werte sind über viele Jahre hinweg stabil, während andere sich mit der Zeit verändern, weiterentwickeln oder neu entstehen. Für dich als Coach oder Berater:in ist es hilfreich zu verstehen, wie sich Werte im Lauf der Lebensspanne wandeln können und welche Entwicklungsprozesse damit verbunden sind. Diese Prozesse sind komplex, individuell unterschiedlich und oft eng mit biografischen Schlüsselereignissen verknüpft.

Schon in der frühen Kindheit beginnen sich erste Wertvorstellungen herauszubilden. Diese entstehen meist unbewusst durch emotionale Bindungserfahrungen, durch die Haltung und das Verhalten von Bezugspersonen und durch das soziale Umfeld. Kinder orientieren sich stark an dem, was sie erleben. Sie nehmen wahr, wie mit Konflikten umgegangen wird, was belohnt oder getadelt wird und welche Haltungen als selbstverständlich gelten. Werte wie Vertrauen, Nähe, Gerechtigkeit oder Sicherheit werden in dieser Phase nicht über Sprache, sondern über Beziehung vermittelt. Sie hinterlassen Spuren, die im späteren Leben oft unbewusst wirksam bleiben, sowohl als Ressource als auch als potenzielle Blockade.

In der Jugendzeit beginnt die bewusste Auseinandersetzung mit Werten. Jugendliche entwickeln ein eigenes

Selbstbild und setzen sich mit den Werten ihres Umfelds kritisch auseinander. Die Suche nach Identität ist eng verbunden mit der Frage: Wofür will ich stehen? In dieser Phase werden familiäre Werte häufig infrage gestellt und durch neue Orientierungssysteme, etwa durch Freundeskreise, Jugendkulturen oder erste berufliche Erfahrungen ergänzt. Werte wie Freiheit, Zugehörigkeit, Authentizität oder Selbstbestimmung treten in den Vordergrund. Die Werteklärung ist in dieser Phase nicht abgeschlossen, sondern bleibt im Fluss. Als Coach oder Berater:in kannst du jungen Menschen helfen, Spannungsfelder zu verstehen, sich innerlich zu sortieren und tragfähige eigene Werthaltungen zu entwickeln.

Im jungen Erwachsenenalter stehen häufig Aufbau und Ausrichtung im Mittelpunkt. Berufseinstieg, Partnerschaft, Familiengründung oder räumliche Veränderungen führen zu Entscheidungen, die tief in der Werteorientierung verankert sind. Jetzt zeigt sich, welche Werte tragfähig sind und welche nur aus Loyalität oder Anpassung weitergetragen wurden. In dieser Phase erleben viele Menschen zum ersten Mal deutlich den Unterschied zwischen gelebten und gewünschten Werten. Werte wie Erfolg, Leistung, Anerkennung, aber auch Liebe, Verantwortung und Freiheit werden neu bewertet. Coaching in dieser Lebensphase bedeutet oft, Zielklarheit zu fördern, Wertekonflikte zu bearbeiten und die Selbstverantwortung für ein stimmiges Leben zu stärken.

Im mittleren Erwachsenenalter verschieben sich Prioritäten. Menschen stellen sich vermehrt die Frage nach Sinn, Balance und dem, was wirklich trägt. Äußere Rollen verändern sich, Kinder verlassen das Haus, berufliche Veränderungen oder gesundheitliche Themen treten auf. Diese Übergänge fordern heraus, und eröffnen Entwicklung. In dieser Phase treten häufig Werte wie Nachhaltigkeit, Fürsorge, Integrität oder Gelassenheit in den Vordergrund. Menschen blicken zurück und nach vorn zugleich. Du kannst in dieser Zeit besonders hilfreich sein, wenn du dazu einlädst, innezuhalten, Bilanz zu ziehen und Werte neu zu gewichten. Viele entdecken jetzt eine neue Tiefe in sich selbst und beginnen, das eigene Leben stärker mit inneren Maßstäben zu gestalten.

Im höheren Erwachsenenalter verändern sich die Lebensbezüge erneut. Mit dem Eintritt in den Ruhestand, dem Erleben von Abschieden und dem zunehmenden Bewusstsein für die Endlichkeit des Lebens rückt die Frage nach dem Wesentlichen ins Zentrum. Es geht nicht mehr um Aufbau, sondern um Vollendung, Versöhnung und Weisheit. Werte wie Dankbarkeit, Versöhnung, Spiritualität, Würde und Frieden treten stärker in den Vordergrund. Der Blick richtet sich auf das, was bleibt, in der Erinnerung anderer, im eigenen Lebensgefühl, in der inneren Haltung. Als Coach oder Berater:in ist es in dieser Lebensphase besonders wertvoll, Räume für Rückschau, Selbstakzeptanz und Sinnfindung zu gestalten. Die Frage „Was hat mein Leben wertvoll gemacht?" kann ein Schlüssel für tiefe, heilsame Prozesse sein.

Gleichzeitig gilt: Diese Lebensphasen verlaufen nicht schematisch. Jede Biografie hat ihren eigenen Rhythmus. Manche Menschen beginnen mit vierzig, das zu leben, was sie mit zwanzig unterdrückt haben. Andere entdecken mit siebzig neue Horizonte, die ihnen zuvor verschlossen schienen. Wertearbeit bedeutet, diese Einzigartigkeit anzuerkennen. Sie lebt vom achtsamen Zuhören, vom ehrlichen Interesse und von der Bereitschaft, Veränderung in jedem Alter als möglich und sinnvoll zu betrachten.

Sie reifen, sie klären sich, sie vertiefen sich. Als Coach oder Berater:in begleitest du diesen Wandel mit Aufmerksamkeit und Respekt. Du hilfst Menschen, sich selbst treu zu bleiben und doch offen zu sein für Neues. Genau in dieser Spannung entsteht Entwicklung.

Mini-Übung: Wertebiografie

Zeichne eine Lebenslinie von deiner Geburt bis heute. Markiere darauf wichtige Stationen, Entscheidungen oder Wendepunkte. Notiere zu jedem dieser Punkte, welcher Wert in deinem Leben damals besonders präsent oder prägend war.

Fragen zur Vertiefung:

1. Welche Werte haben dich über lange Zeit begleitet?
2. Welche Werte sind neu hinzugekommen?
3. Gibt es Werte, die du bewusst losgelassen hast?
4. Welche Werte möchtest du künftig noch stärker leben?

5. Wo spürst du Kontinuität, und wo Wandel?

Diese Übung macht sichtbar, wie dynamisch und lebendig deine Werte sind. Und sie hilft dir, wie auch deinen Klientinnen und Klienten, zu erkennen, was bleibt, was sich wandelt und was wachsen will.

Wie Werte Entwicklungsprozesse beeinflussen

Werte wirken tief in die Persönlichkeitsentwicklung hinein. Sie geben nicht nur Orientierung, sondern sind auch Triebkraft für Veränderung. In ihrer Funktion als innerer Kompass verbinden sie Sinn, Motivation und Handlung. Für dich als Coach oder Berater:in bedeutet das: Wann immer Menschen sich verändern wollen, ob freiwillig oder aus Notwendigkeit heraus, spielen Werte eine zentrale Rolle. Sie geben Halt in Übergängen, sie motivieren in Krisen, sie schaffen Klarheit in Entscheidungssituationen.

Entwicklungsprozesse setzen oft an einem inneren Impuls an. Etwas im Leben fühlt sich nicht mehr stimmig an. Menschen spüren, dass sie sich entfremdet haben, von sich selbst, von ihrer Arbeit oder von ihren Beziehungen. Häufig steckt hinter diesem Gefühl ein Werteverlust oder ein Wertekonflikt. Wer etwa den Wert Integrität als zentral erlebt, aber in einem Umfeld arbeitet, das Unehrlichkeit oder Machtspiele toleriert, wird früher oder später in einen inneren Konflikt geraten. Die Folge kann Unzufriedenheit, Erschöpfung oder sogar ein Rückzug sein. Manche Menschen reagieren mit Selbstzweifeln, andere mit innerem Rückzug oder wachsender Reizbarkeit. Auf Dauer kann ein solcher Zustand die psychische Gesundheit und das Selbstbild erheblich belasten.

Wertearbeit hilft hier, das innere Ungleichgewicht zu benennen und zu verstehen. Sie schafft die Grundlage, um wieder in Kontakt mit dem zu kommen, was einem Menschen wirklich wichtig ist. Die bewusste Auseinandersetzung mit der Frage, welcher Wert verletzt oder ignoriert wurde, eröffnet neue Perspektiven und Handlungsmöglichkeiten. In der Beratungspraxis ist dies oft der Wendepunkt: Sobald ein Mensch erkennt, dass seine innere Spannung Ausdruck eines tieferliegenden Wertes ist, beginnt sich die Perspektive zu verändern. Es entsteht ein neues Bewusstsein für die eigene Integrität und für das Bedürfnis nach stimmiger Lebensgestaltung.

Dieser Prozess braucht Zeit, Raum und achtsame Begleitung. Als Coach oder Berater:in ist es deine Aufgabe, diesen Raum offen zu halten, zu spiegeln und unterstützende Fragen zu stellen. Denn nicht immer ist auf den ersten Blick erkennbar, welcher Wert verletzt wurde. Oft zeigt sich dies erst im Erzählen, im achtsamen Innehalten, im Wiederentdecken von Momenten, in denen etwas innerlich berührt wurde. Die Klärung eines solchen Wertekonflikts kann der Beginn eines tiefgreifenden Wandels sein, hin zu mehr Klarheit, innerer Stimmigkeit und gelebter Selbstverantwortung.

Ein weiteres häufiges Thema in Entwicklungsprozessen ist die Diskrepanz zwischen übernommenen und selbstgewählten Werten. Viele Menschen orientieren sich lange an Werten, die sie von Eltern, Lehrkräften oder gesellschaftlichen Erwartungen übernommen haben, ohne sie je bewusst geprüft zu haben. Erst im Laufe des Lebens, oft durch Krisen, berufliche Umbrüche oder persönliche Auseinandersetzungen, wird deutlich, dass diese Werte nicht mehr passen.

Dieser Prozess kann tiefgreifend sein, denn er berührt das Selbstbild und die Identität.

Auch im positiven Sinne wirken Werte als Entwicklungskraft. Wenn Menschen sich mit ihren Werten verbinden, entsteht eine starke intrinsische Motivation. Sie handeln dann nicht mehr, weil sie sollen, sondern weil sie wollen. Der Weg zur Veränderung wird dadurch nicht unbedingt leichter, aber tragfähiger. Denn wer weiß, warum er etwas tut, kann Schwierigkeiten besser aushalten. Wer ein Ziel mit einem persönlichen Wert verknüpft, etwa Freiheit, Verantwortung oder Sinn, entwickelt mehr Durchhaltevermögen und Klarheit im Prozess. Menschen, die im Einklang mit ihren Werten handeln, berichten oft von innerer Ruhe, Kohärenz und gesteigerter Selbstwirksamkeit. Es entsteht ein Zustand, in dem Denken, Fühlen und Handeln übereinstimmen.

Als Coach oder Berater:in begleitest du nicht nur Zielentwicklung, sondern auch den inneren Weg dorthin. Dabei hilft es, gemeinsam mit dem Gegenüber zu ergründen, welche Werte gestärkt werden sollen. Eine typische Frage könnte lauten: „Wenn du diese Veränderung vollziehst, welcher Wert würde dadurch in deinem Leben mehr Raum bekommen?" Oft entsteht durch diese Perspektive eine neue Qualität der Selbstwahrnehmung. Menschen erkennen, dass es bei Veränderung nicht nur um äußere Schritte geht, sondern um eine stimmige Ausrichtung ihres ganzen Lebens. Eine wertegeleitete Veränderung wirkt nachhaltiger, weil sie auf einer tieferen Überzeugung basiert und nicht nur auf externem Druck.

Werte beeinflussen auch die Art und Weise, wie Menschen mit Krisen umgehen. Gerade in Umbruchphasen wie Trennungen, beruflichen Veränderungen, Krankheit oder Verlust wird oft deutlich, welche Werte wirklich tragen. Manche Menschen entdecken in solchen Situationen ganz neue Werte, etwa Verbundenheit, Achtsamkeit oder Spiritualität. Andere besinnen sich auf alte, lange vernachlässigte innere Haltungen, die plötzlich wieder Bedeutung bekommen. In der Beratungspraxis ist es sinnvoll, Raum für diese Wiederentdeckung zu schaffen. Frage zum Beispiel: „Was hat dir in dieser schwierigen Zeit geholfen, weiterzumachen?" oder „Gab es etwas, das dir inneren Halt gegeben hat?" Die Antworten darauf führen oft zu tief verwurzelten Werten, die Entwicklung ermöglichen.

Es lohnt sich auch, die Dynamik zwischen Werten und Verhalten genauer zu betrachten. Manche Klientinnen und Klienten wissen durchaus, welche Werte ihnen wichtig sind, leben sie aber im Alltag nicht. Hier entsteht eine sogenannte Werte-Dissonanz, die zu innerem Stress und Unzufriedenheit führen kann. Die Wertearbeit unterstützt dabei, diese Dissonanz wahrzunehmen, zu reflektieren und zu klären. Ist der Wert wirklich der eigene? Oder wird er nur aus Loyalität weitergeführt? Wie kann ich mein Handeln verändern, um wieder in Übereinstimmung mit mir selbst zu kommen? Solche

Fragen führen zu tiefer Selbsterkenntnis und eröffnen neue Handlungsmöglichkeiten.

Nicht zuletzt ermöglichen Werte Entwicklung, weil sie helfen, Entscheidungen zu treffen. Sie bieten Orientierung, wenn mehrere Optionen zur Wahl stehen.

Wer seine Werte kennt, entscheidet klarer und übernimmt Verantwortung für die gewählte Richtung.

Dabei ist es wichtig, nicht zwischen richtig und falsch zu unterscheiden, sondern zu schauen, was sich stimmig anfühlt. Coaching wird so zu einem Prozess des Werteabgleichs, zwischen der aktuellen Situation und dem, was als sinnvoll, gut und wichtig empfunden wird. Daraus entstehen authentische Schritte, nicht aus Druck, sondern aus innerer Überzeugung. Eine wertebasierte Entscheidung erzeugt meist weniger Reue und mehr Identifikation mit dem eingeschlagenen Weg.

Mini-Übung: Werte als Wegweiser in der Veränderung

Denk an eine Veränderung, die du entweder gerade durchläufst oder bewusst anstrebst. Nimm dir zwanzig Minuten Zeit und notiere:

1. Was genau möchtest du verändern?
2. Welche Werte sind dabei für dich besonders wichtig?
3. Wo zeigt sich vielleicht ein innerer Konflikt zwischen deinen Werten und äußeren Erwartungen?

4. Welcher Wert könnte dich stärken, wenn es
   schwierig wird?
5. Was wäre ein erster Schritt, der ganz im Einklang
   mit deinem wichtigsten Wert steht?

Diese Übung hilft dir, und auch deinen Klientinnen und Klienten, Veränderung nicht nur als Ziel, sondern als wertegeleiteten Entwicklungsweg zu verstehen. Denn echte Entwicklung entsteht dort, wo Menschen sich mit dem verbinden, was ihnen wirklich wichtig ist.

Wertekonflikte als Chancen im Coaching

Wertekonflikte gehören zum Menschsein. Sie treten immer dann auf, wenn zwei oder mehr wichtige Werte miteinander in Spannung geraten oder sich gegenseitig zu widersprechen scheinen. In der Beratungspraxis zeigen sich solche Spannungen häufig in Entscheidungsdilemmata, inneren Blockaden oder wiederkehrenden Verhaltensmustern, die Menschen selbst nicht verstehen können. Für dich als Coach oder Berater:in bieten Wertekonflikte keine Sackgasse, sondern ein wertvolles Tor zur Tiefe. Sie sind Einladungen, genauer hinzusehen, innere Klarheit zu gewinnen und bewusst zu wählen.

Ein klassischer Wertekonflikt besteht zum Beispiel zwischen dem Wunsch nach Sicherheit und dem Bedürfnis nach Freiheit. Viele Menschen stehen an Wendepunkten im Leben, an denen sie spüren, dass sie sich verändern wollen, aber Angst haben, etwas Vertrautes zu verlieren. Oder sie wollen sich selbst treu bleiben, fühlen sich aber in der Pflicht gegenüber anderen. Auch Konflikte zwischen beruflichen und privaten Werten, zwischen Loyalität und Selbstfürsorge, zwischen Leistung und Achtsamkeit sind typische Themen im Coaching. Wertekonflikte sind Ausdruck von innerer Ambivalenz, aber auch von Lebendigkeit. Sie zeigen, dass ein Mensch mehrere Seiten in sich trägt, die alle gesehen und gehört werden wollen.

Im Coaching geht es nicht darum, solche Konflikte zu lösen, als wären sie ein Problem, das man beseitigen muss. Vielmehr geht es darum, diese Spannungen als Entwicklungspotenzial zu erkennen. Indem du mit deinen

Klientinnen und Klienten ihre Wertekonflikte achtsam erforschst, öffnest du einen Raum, in dem sich neue Perspektiven entfalten können. Du hilfst dabei, die beteiligten Werte zu benennen, sie voneinander abzugrenzen und ihren jeweiligen Sinn zu verstehen. Allein das Benennen eines Wertekonflikts kann bereits entlastend wirken. Es bringt Ordnung in das innere Erleben und schafft ein Gefühl von Handlungsfähigkeit.

Dabei ist es hilfreich, auch den zeitlichen Verlauf von Wertekonflikten zu betrachten. Manche Spannungen bestehen über Jahre hinweg und begleiten Menschen als leise, aber stetige Unruhe. Andere Konflikte treten plötzlich auf, etwa bei einem beruflichen Rollenwechsel, einem familiären Umbruch oder einer existenziellen Krise. Diese zeitliche Perspektive hilft zu erkennen, ob ein Wertekonflikt aktuell bearbeitet werden kann oder ob es zunächst um Stabilisierung und Orientierung geht.

Wertekonflikte sind häufig biografisch verwurzelt. Menschen übernehmen Werte aus ihrem Herkunftssystem, etwa den Wert Leistung, weil er in der Familie mit Anerkennung verbunden war. Später im Leben tritt dann ein Wert wie Gelassenheit oder Kreativität in den Vordergrund, der mit dem alten Wert scheinbar unvereinbar ist. Die Folge ist innerer Druck, oft gepaart mit einem Gefühl von Schuld oder Versagen. Als Coach oder Berater:in kannst du hier unterstützend wirken, indem du diese alten Wertemuster sichtbar machst und gleichzeitig neue, stimmigere Optionen entwickelst. Dabei geht es nicht um ein Entweder-oder, sondern um ein Sowohl-als-auch. Manchmal genügt es, den Kontext zu verändern, Prioritäten anzupassen oder innerlich neue Vereinbarungen zu treffen.

Ein tiefergehender Wertekonflikt kann auch dazu führen, dass sich eine Person neu verortet. Das bedeutet, dass sie nicht nur ihr Verhalten verändert, sondern auch ihr Selbstbild. Eine Klientin, die früher stets Konflikte gemieden hat, weil ihr Harmonie besonders wichtig war, erkennt vielleicht im Coaching, dass sie inzwischen den Wert der Klarheit stärker leben möchte. Das kann zu einem inneren Wandel führen, der auch Auswirkungen auf Beziehungen, Beruf und Lebensgestaltung hat. Solche Prozesse sind nicht immer leicht, aber sie ermöglichen echte Transformation.

Ein hilfreicher methodischer Zugang ist die Arbeit mit Wertekarten oder Werteskalen. Auch systemische Aufstellungen, das Innere Team nach Schulz von Thun oder das Arbeiten mit inneren Bildern können Wertekonflikte sichtbar machen. Die Arbeit mit biografischen Episoden, in denen ein bestimmter Wert besonders präsent oder verletzt war, kann ebenfalls tiefe Einsichten ermöglichen. Wichtig ist dabei immer, dass du als Coach oder Berater:in keine Lösung vorgibst, sondern Raum für Selbstklärung schaffst. Wertearbeit ist Prozessarbeit. Sie verlangt Geduld, Präsenz und Vertrauen in die Selbststeuerung der begleiteten Person.

Spannend wird es, wenn Klientinnen und Klienten beginnen, ihre Wertekonflikte nicht mehr als Schwäche, sondern als Ausdruck von Reife zu betrachten. Ein Mensch, der sich zwischen zwei bedeutenden Werten entscheiden muss, steht an einem inneren Entwicklungsschritt.

Indem er sich mit der Spannung auseinandersetzt, wächst er in seine Selbstverantwortung hinein. Das bedeutet nicht, dass es leicht wird, aber dass es echt wird. Echtheit, Tiefe und innere Stimmigkeit entstehen genau dort, wo jemand sich die Zeit nimmt, bewusst zu klären, wofür er stehen möchte.

Wertekonflikte sind auch in Teams oder Organisationen ein häufiges Thema. Hier zeigen sie sich etwa in Reibungen zwischen Effizienz und Menschlichkeit, zwischen Kontrolle und Vertrauen oder zwischen Innovation und Stabilität. Als Coach oder Prozessbegleiterin kannst du solche Spannungen moderieren, sichtbar machen und in gemeinsame Lernprozesse übersetzen. Die Frage lautet dann nicht: Wer hat recht? Sondern: Welche unterschiedlichen Werte begegnen sich hier? Und wie können sie in eine produktive Balance gebracht werden?

Gerade im organisationalen Kontext lohnt es sich, nicht nur auf die offensichtlichen Wertekonflikte zu schauen, sondern auch auf die verdeckten. Manchmal werden bestimmte Werte zwar offiziell kommuniziert, wie etwa Teamgeist oder Transparenz, aber im Alltag nicht gelebt. Diese Inkongruenz führt zu Misstrauen, Demotivation oder Widerstand. Als Coach oder Berater:in kannst du helfen, diese Widersprüche sichtbar zu machen und in einen offenen Dialog zu bringen. Oft genügt es, über zentrale Fragen zu reflektieren: Welche Werte werden in der Organisation tatsächlich gelebt? Welche werden nur postuliert? Und wo liegt das unausgesprochene Dilemma?

Mini-Übung: Dein persönlicher Wertekonflikt als Entwicklungschance

1. Nimm dir ein aktuelles Thema vor, bei dem du innerlich ambivalent bist.
2. Benenne die zwei (oder mehr) Werte, die in dir gerade miteinander ringen.
3. Erkenne an, dass beide Werte wichtig und berechtigt sind.
4. Spüre in dich hinein: Welcher dieser Werte braucht aktuell mehr Raum?
5. Überlege: Wie könntest du dem anderen Wert trotzdem gerecht werden, ohne ihn zu verleugnen?

Diese Übung stärkt deine Fähigkeit, Wertekonflikte nicht zu vermeiden, sondern mutig zu gestalten. Sie hilft dir, in deiner Arbeit als Coach oder Berater:in präsent zu bleiben, auch dann, wenn es komplex und innerlich herausfordernd wird.

Wertbewusstsein in der professionellen Beziehungsgestaltung

Professionelle Beziehungen sind das Herzstück jeder Coaching- oder Beratungssituation. Sie bilden den Raum, in dem sich Menschen öffnen, vertrauen, reflektieren und sich in ihrer Entwicklung zeigen können. Dieser Raum ist jedoch nicht neutral. Er ist durchzogen von Haltungen, Erwartungen und, oft unausgesprochen, von Werten. Für dich als Coach oder Berater:in ist es daher essenziell, ein klares Bewusstsein für die Werte zu entwickeln, die deine professionelle Beziehungsgestaltung prägen. Denn diese Werte wirken mit, in deinem Zuhören, in deinem Fragen, in deinem Schweigen, in deiner Art, Resonanz zu geben oder Grenzen zu setzen.

Wertbewusstsein in der Beziehungsgestaltung beginnt bei dir selbst.

Welche Werte sind dir in der Zusammenarbeit mit Menschen besonders wichtig? Vielleicht Resonanz, Klarheit, Respekt, Würde, Vertrauen oder Eigenverantwortung?

Diese inneren Orientierungen beeinflussen dein professionelles Handeln, ob bewusst oder unbewusst. Es lohnt sich daher, diese Werte regelmäßig zu reflektieren und zu überprüfen, ob dein Verhalten mit ihnen im Einklang steht. Denn nur wenn du deine eigenen Werte kennst, kannst du auch bewusst mit ihnen arbeiten, statt sie unbewusst wirken zu lassen.

Ein zentraler Aspekt dabei ist die Frage nach der inneren Haltung. Deine Werte spiegeln sich nicht nur in Interventionen oder Methoden wider, sondern vor allem in deiner Haltung: Gehst du mit Menschen auf Augenhöhe? Hältst du Spannung aus, ohne vorschnell Lösungen anzubieten? Ermöglichst du echte Selbstverantwortung, oder übernimmst du, vielleicht aus Fürsorge, mehr, als dir guttut? Diese Fragen berühren nicht nur die Ethik deiner Arbeit, sondern auch ihre Wirksamkeit. Denn Menschen spüren, ob sie mit einem Gegenüber in Kontakt sind, das klar und stimmig in sich selbst steht.

Wertbewusstsein bedeutet auch, sich der eigenen Einflussmöglichkeiten bewusst zu sein. Als Coach oder Berater:in übst du Wirkung aus, durch deine Sprache, deine Haltung, deine Präsenz. Du prägst die Beziehung mit deinem Menschenbild, mit deinen Annahmen über Entwicklung, Veränderung und Autonomie. Es geht nicht darum, neutral zu sein. Vielmehr geht es darum, die eigene Wertebasis zu kennen und sie transparent, achtsam und dialogisch einzusetzen. Das fördert Vertrauen und eröffnet eine Beziehung, in der Entwicklung auf einer tiefen Ebene möglich wird.

Besonders bedeutsam wird Wertbewusstsein in herausfordernden Situationen. Wenn zum Beispiel Klientinnen oder Klienten Erwartungen an dich richten, die deinen professionellen Werten widersprechen, etwa wenn sie Ratschläge wollen, die du aus einer Haltung der Selbstverantwortung heraus nicht geben möchtest. Oder wenn du innerlich in Resonanz mit einem Anliegen gehst, das dich persönlich betrifft. Gerade in solchen Momenten brauchst du ein inneres Fundament, das dich trägt. Deine Werte sind dann nicht nur Wegweiser, sondern auch Schutz, sie helfen dir, klar und empathisch zugleich zu bleiben.

Ein weiterer Aspekt ist die Werteklärung im Kontakt mit den Klientinnen und Klienten selbst. In professionellen Beziehungen treffen immer zwei Werthaltungen aufeinander, manchmal ergänzen sie sich, manchmal stehen sie sich gegenüber. Es ist hilfreich, diese Unterschiede nicht als Problem, sondern als Möglichkeit zur Verständigung zu sehen. Indem du zum Beispiel fragst: „Was ist dir in unserer Zusammenarbeit besonders wichtig?" oder „Was brauchst du, um dich sicher und gesehen zu fühlen?", öffnest du einen Raum für Beziehung auf Augenhöhe. Solche Gespräche fördern die gemeinsame Verantwortung und stärken die Bindung.

Wertbewusstsein heißt auch, Spannungen auszuhalten. Es wird immer wieder Situationen geben, in denen deine Werte herausgefordert werden, durch Zeitdruck, systemische Rahmenbedingungen oder durch deine eigenen inneren Prozesse. Dann braucht es Selbstreflexion, manchmal Supervision oder kollegialen Austausch. Denn deine professionelle Beziehungsgestaltung lebt davon, dass du in Beziehung mit dir selbst bleibst. Nur so kannst du ein klares, präsentes und wertschätzendes Gegenüber sein.

Wertbewusst zu arbeiten bedeutet ebenfalls, das Unausgesprochene in einer Beziehung wahrzunehmen. Manchmal zeigt sich in der Körpersprache, im Tempo der Sprache oder in kleinen Nebensätzen, dass ein Wert berührt wird. Wenn du sensibel dafür bist, kannst du behutsam ansprechen, was zwischen den Zeilen mitschwingt. Das erfordert Mut, Präsenz und eine klare innere Orientierung. Doch genau hier entstehen oft die stärksten Entwicklungsschritte.

Wenn Klientinnen und Klienten spüren, dass sie in ihrer Tiefe gesehen werden, entsteht eine Verbindung, die über Worte hinausgeht.

Ein bewusst wertebasiertes Arbeiten wirkt sich auch auf deine professionelle Selbstfürsorge aus. Denn deine Werte können dir helfen, klare Grenzen zu setzen. Wenn du zum Beispiel den Wert Integrität oder Authentizität hochhältst, wirst du nicht in Rollen schlüpfen, die dir nicht entsprechen. Wenn dir Würde oder Klarheit wichtig sind, wirst du dich nicht dauerhaft in Kontexte einbinden, die diese Werte untergraben. Werte geben dir damit nicht nur Richtung, sondern auch Schutz. Sie helfen dir, in einem Berufsfeld, das oft emotional fordernd ist, bei dir zu bleiben.

In der professionellen Beziehungsgestaltung ist dein Wertbewusstsein eine Ressource, sowohl für dich selbst als auch für die Menschen, die du begleitest. Es ermöglicht dir, in Verbindung zu sein, ohne dich zu verlieren. Es schenkt dir Orientierung, wo Unsicherheit herrscht. Und es erinnert dich daran, warum du diesen Beruf gewählt hast: Weil du Menschen auf ihrem Weg unterstützen willst, mit Klarheit, Respekt und Herz.

Mini-Übung: Deine Werte in der Beziehungsgestaltung

1. Nimm dir eine konkrete Beratungssituation in Erinnerung, die dich berührt oder gefordert hat.
2. Notiere: Welche deiner Werte waren in dieser Situation besonders präsent?
3. Spüre nach: Wo hast du diesen Werten entsprochen, und wo vielleicht nicht?
4. Was kannst du aus dieser Reflexion für zukünftige Begegnungen lernen?
5. Welche Werte möchtest du bewusst stärker in deine professionelle Beziehungsgestaltung integrieren?

Diese Übung stärkt dein Selbstbewusstsein im Umgang mit deinen beruflichen Werten. Sie hilft dir, achtsamer, präsenter und klarer zu handeln, im Dienst deiner Klientinnen und Klienten und im Einklang mit dir selbst.

Grenzen, Fallstricke und ethische Überlegungen

Die Arbeit mit Werten bietet enorme Chancen für die persönliche Entwicklung und zwischenmenschliche Klärung. Doch sie birgt auch Herausforderungen und Gefahren, die du als Coach oder Berater:in ernst nehmen solltest. Wertearbeit berührt tiefe Schichten der Persönlichkeit. Sie bringt oft existenzielle Fragen hervor, konfrontiert mit Widersprüchen und kann emotionale Prozesse auslösen, die professionelle Achtsamkeit erfordern. Dieses Kapitel beleuchtet zentrale Grenzen, Fallstricke und ethische Überlegungen in der werteorientierten Begleitung, damit du sensibel, verantwortungsvoll und klar mit diesen Themen umgehen kannst.

Eine der größten Herausforderungen liegt in der Projektion eigener Werte. Du bringst als Coach oder Berater:in selbstverständlich deine eigenen Werthaltungen in die Beziehung ein. Das ist menschlich und unvermeidbar. Doch es wird problematisch, wenn deine Werte unreflektiert Einfluss auf die Zielsetzung oder den Prozessverlauf nehmen.

Wenn du zum Beispiel Selbstbestimmung besonders hoch schätzt, könnte es dir schwerfallen, Klientinnen zu begleiten, die sich bewusst für Anpassung entscheiden. Ebenso kann es geschehen, dass du unbewusst auf eine Zielrichtung drängst, die deinem eigenen Wertebild entspricht, statt dem inneren Anliegen deines Gegenübers zu folgen. Besonders subtil zeigt sich das etwa im

Tonfall, in der Fragestellung oder in deiner Reaktion auf bestimmte Entscheidungen oder Aussagen.

Werteneutralität ist ein Mythos, doch Wertebewusstheit ist eine professionelle Haltung. Es gilt, eigene Überzeugungen zu kennen, sie im Blick zu behalten und transparent zu machen, wenn sie ins Spiel kommen. Dazu gehört auch, sich immer wieder selbst zu hinterfragen: Warum bewegt mich ein bestimmtes Thema besonders stark? Was macht es mir schwer, offen zu bleiben? Wo vermische ich vielleicht persönliche Ideale mit professionellen Aufgaben? Je klarer du dir dieser Dynamik bist, desto souveräner kannst du in deiner Rolle bleiben. Ein regelmäßiger Austausch in Supervision oder kollegialer Beratung kann dabei hilfreich sein. Denn Projektionen sind oft schwer allein zu erkennen, und sie wirken umso stärker, wenn sie unbewusst bleiben.

Ein weiterer Fallstrick besteht in der Verwechslung von Werten mit Idealen oder gesellschaftlichen Erwartungen. Nicht alles, was als Wert benannt wird, ist tatsächlich ein persönlicher, innerlich gelebter Wert. Viele Menschen übernehmen Werte aus ihrem sozialen Umfeld oder beruflichen Kontext, ohne zu hinterfragen, ob sie ihnen wirklich entsprechen. Hier besteht die Gefahr, dass im Coaching oberflächlich mit Begriffen gearbeitet wird, ohne die emotionale Tiefe und persönliche Bedeutung zu ergründen. Du kannst unterstützen, indem du nach konkreten Erfahrungen, Entscheidungen oder Situationen fragst, in denen ein Wert wirklich wirksam war. So kommt Substanz in den Prozess, und oberflächliche Bekundungen werden durch echte Selbstklärung ersetzt.

Auch die Tiefe der Wertearbeit kann zur Herausforderung werden. Gerade wenn ein Wertekonflikt berührt wird, der mit biografischen Verletzungen oder ungelösten inneren Themen verknüpft ist, können intensive emotionale Reaktionen auftreten. Diese können sich in Form von plötzlicher Traurigkeit, Unsicherheit, Widerstand oder auch starker Affektladung äußern. Es ist wichtig, solche Reaktionen nicht vorschnell zu pathologisieren, aber sie auch nicht zu unterschätzen. Sie sind häufig Ausdruck von innerer Berührung, vielleicht sogar ein Hinweis auf ein zentrales Lebensthema.

In solchen Momenten braucht es ein feines Gespür für das richtige Maß. Coaching ist keine Psychotherapie. Es darf in die Tiefe gehen, aber es braucht klare Grenzen. Professionelle Wertearbeit lebt von der Fähigkeit, Tiefe zu ermöglichen, ohne den geschützten Rahmen zu verlassen. Hier zeigt sich die Kompetenz der begleitenden Person: Kannst du die emotionale Dynamik halten, ohne sie zu dramatisieren? Kannst du deinen Klientinnen und Klienten den Raum geben, sich selbst zu spüren, und gleichzeitig gut verorten, ob es therapeutischer Unterstützung bedarf?

Wenn du spürst, dass Themen auftauchen,
die eine therapeutische Begleitung erfordern,
solltest du dies respektvoll und offen ansprechen.

Klare Worte und eine wertschätzende Haltung helfen, das Vertrauen aufrechtzuerhalten. Eine gute Möglichkeit ist, anzubieten, gemeinsam zu überlegen, welcher

Rahmen im Moment der hilfreichste sein könnte. Coaching und Therapie schließen sich nicht aus, sie können sich sogar ergänzen, wenn sie gut aufeinander abgestimmt sind.

Wertearbeit darf fordern, aber sie soll nicht überfordern. Es braucht innere Reife, methodische Sicherheit und die Bereitschaft, sich auch selbst zu reflektieren. Diese Selbstreflexion ist kein einmaliger Akt, sondern ein fortlaufender Prozess. Sie erfordert, dass du immer wieder innehältst, dich fragst, wie du agierst und ob du wirklich im Dienst der Klientin oder des Klienten handelst. Gerade in emotional dichten Momenten oder in Grenzsituationen zeigt sich, wie stabil dein inneres Fundament ist.

Du bist nicht dafür verantwortlich, alles zu heilen, und du bist auch nicht dafür da, Probleme zu lösen, die außerhalb deines Mandats oder deiner fachlichen Zuständigkeit liegen. Wohl aber bist du dafür verantwortlich, achtsam zu bleiben, die Grenzen deiner Rolle zu wahren und die psychische Sicherheit deiner Klientinnen und Klienten im Blick zu behalten. Das bedeutet auch, den Mut zu haben, ein Gespräch zu unterbrechen, wenn es in eine Tiefe führt, die nicht mehr zum Coachingrahmen passt. Es bedeutet, deutlich zu machen, dass bestimmte Themen besser im therapeutischen oder medizinischen Kontext aufgehoben sind. Und es bedeutet, mit einer klaren, zugleich menschlichen Haltung für das einzustehen, was du vertreten kannst, und für das, was du guten Gewissens abgeben musst.

Ein ethischer Aspekt betrifft die Zielklärung. Wertearbeit sollte nicht zur Manipulation von Zielen dienen. Wenn ein Klient seine Karriere vorantreiben will, ist es nicht deine Aufgabe, ihn davon zu überzeugen, dass innere Balance oder Achtsamkeit wichtiger seien. Auch wenn dir selbst andere Werte näher sind, bleibt es seine Entscheidung. Die Aufgabe besteht darin, zu begleiten, nicht zu steuern. Du kannst Werte sichtbar machen, sie in Beziehung zu Entscheidungen setzen und dazu einladen, den inneren Dialog zu vertiefen, aber du darfst ihn nicht ersetzen.

Besonders herausfordernd wird es, wenn die Werte deiner Klientinnen oder Klienten deinen eigenen tief widersprechen. Was, wenn jemand Werte wie Kontrolle, Hierarchie oder Dominanz lebt und sich damit wohlfühlt, während du für Vertrauen, Offenheit und Gleichwertigkeit stehst? In solchen Situationen entsteht nicht nur eine fachliche, sondern auch eine persönliche Spannung. Es kann Gefühle von Irritation, Ablehnung oder innerem Widerstand auslösen. Du wirst an deine Grenzen geführt, weil dein eigenes Wertefundament infrage gestellt oder konfrontiert wird. Genau deshalb braucht es in solchen Momenten eine klare professionelle Haltung und eine hohe Selbstreflexionskompetenz.

Du musst nicht alles gutheißen, aber du kannst respektvoll bleiben. Deine Aufgabe ist es nicht, zu urteilen, sondern zu begleiten. Es kann sehr hilfreich sein, diese Spannung zunächst bei dir selbst zu bemerken, innerlich anzunehmen und nicht vorschnell zu bewerten. Frage dich: Was genau triggert mich hier? Wo berührt das meine eigene Geschichte oder meine inneren

Überzeugungen? Erst wenn du das geklärt hast, kannst du dem anderen Menschen wirklich offen begegnen.

Solange keine ethischen oder rechtlichen Grenzen überschritten werden, gehört es zur professionellen Beziehungsgestaltung, Unterschiedlichkeit auszuhalten. Es ist sogar ein Zeichen von Reife, andere Werthaltungen stehen lassen zu können, ohne sich selbst zu verleugnen. Gleichzeitig musst du dir erlauben, ehrlich zu sein. Wenn dir das nicht möglich ist, darfst du das offen benennen und gegebenenfalls an eine Kollegin oder einen Kollegen weiterverweisen. Das ist kein Zeichen von Schwäche, sondern von Integrität. Denn wer mit Werten arbeitet, übernimmt Verantwortung, auch für die eigenen Begrenzungen.

Ein weiterer sensibler Bereich ist die Arbeit mit Gruppen oder Teams. Wertearbeit in Gruppen kann aufdecken, was bislang unausgesprochen blieb: Wertekonflikte, Loyalitätsfragen, unausgesprochene Erwartungen. Wenn dieser Prozess nicht sorgfältig moderiert wird, kann er Spannungen verschärfen statt klären. Hier braucht es klare Vereinbarungen, transparente Zielsetzungen und einen geschützten Rahmen. Achte darauf, dass der Raum für alle Beteiligten sicher bleibt, auch emotional. Klare Regeln für Vertraulichkeit, gegenseitige Achtung und Umgang mit Differenz sind hier ebenso wichtig wie deine eigene Präsenz und Professionalität.

Schließlich verdient auch der Umgang mit Macht besondere Aufmerksamkeit. Als Coach oder Berater:in bist du in einer Position, in der du Einfluss nimmst – allein durch deine Fragen, deine Präsenz, deinen Rahmen. Diese

Macht kann stärken, klären, fördern, aber sie kann auch verunsichern oder verletzen. Der verantwortungsvolle Umgang mit dieser Gestaltungsmacht ist ein zentrales ethisches Element werteorientierter Arbeit. Dazu gehört, dass du deine Rolle immer wieder reflektierst, Feedback einholst, deine Wirksamkeit überprüfst und auch die Möglichkeit zulässt, dass deine Interventionen nicht immer hilfreich sind.

Mini-Übung: Ethische Selbstreflexion deiner Wertearbeit

1. Welche deiner persönlichen Werte könnten deine professionelle Haltung besonders stark beeinflussen?
2. In welchen Situationen hast du erlebt, dass ein Wertekonflikt zwischen dir und einer Klientin oder einem Klienten spürbar wurde?
3. Wie gehst du mit innerem Widerstand oder Irritationen im Kontakt um?
4. Wo liegen für dich die Grenzen deiner wertebezogenen Begleitung?
5. Welche ethischen Prinzipien leiten dich in deiner Arbeit, und wie bewusst sind sie dir im Alltag?

Diese Übung unterstützt dich darin, deine Wertearbeit professionell und ethisch fundiert zu gestalten. Sie lädt dich ein, mit Integrität, Klarheit und innerer Weite zu wirken, in Verantwortung für dich selbst und die Menschen, die dir begegnen.

Coaching mit Führungskräften: Werte und Leadership

Führungspersönlichkeiten prägen Organisationen nicht nur durch Entscheidungen, sondern auch durch ihre Haltung, ihre Sprache und die Werte, die sie bewusst oder unbewusst verkörpern. Gerade im Coaching mit Führungskräften zeigt sich die besondere Bedeutung von Wertearbeit. Denn in dieser Rolle treffen individuelle Überzeugungen auf organisationale Anforderungen, persönliche Werte auf systemische Zwänge und menschliche Bedürfnisse auf wirtschaftliche Erwartungen. Die Fähigkeit, diese Spannungsfelder zu reflektieren und aus einer wertebasierten Haltung heraus zu führen, ist ein zentrales Entwicklungsziel vieler Führungskräfte. Genau darin liegt ein kraftvoller Ansatzpunkt für professionelles Coaching.

Führung ist immer auch Selbstführung. Wer andere leitet, beeinflusst sie nicht nur durch Strategien oder Strukturen, sondern vor allem durch sein eigenes Beispiel, durch gelebte Werte und innere Haltung. Vorbildwirkung entsteht nicht durch Worte allein, sondern durch Authentizität, durch das sichtbare Leben von Überzeugungen, besonders dann, wenn äußere Bedingungen herausfordernd sind.

Wer Klarheit in sich trägt,
kann sie auch im Außen vermitteln.

Wer Entscheidungen aus innerer Übereinstimmung trifft, strahlt Sicherheit aus und fördert Vertrauen im Team.

Im Zentrum guter Führung steht daher die Frage: Wofür stehe ich? Welche Werte leiten mich, wenn es schwierig wird? Was ist mir wirklich wichtig? Diese Fragen lassen sich nicht allein mit Methoden beantworten. Sie verlangen persönliche Auseinandersetzung, Ehrlichkeit sich selbst gegenüber und die Bereitschaft, auch unbequemen Wahrheiten ins Auge zu sehen. Es geht nicht um Perfektion, sondern um Integrität. Genau dort setzt werteorientiertes Coaching an: beim Aufbau einer stimmigen inneren Basis, die Führung nicht nur wirksam, sondern auch menschlich macht.

Im Coaching mit Führungskräften geht es oft darum, ein Spannungsfeld zwischen persönlichen Werten und organisationalen Strukturen zu klären. Führungskräfte berichten zum Beispiel, dass sie für Transparenz und Vertrauen stehen, sich aber in einer Unternehmenskultur bewegen, in der Kontrolle und Konkurrenz dominieren. Oder sie möchten verantwortungsvoll führen, erleben jedoch einen permanenten Druck zu kurzfristiger Effizienz. Solche Spannungen erzeugen innere Reibung. Gleichzeitig bieten sie eine große Chance. Sie laden zur Reflexion ein, zur bewussten Positionierung und zur Gestaltung einer Führung, die von innen heraus stimmig ist.

Ein werteorientiertes Coaching unterstützt Führungskräfte dabei, sich ihrer inneren Haltung bewusst zu werden. Dabei reicht es nicht, Werte als Schlagworte zu benennen. Entscheidend ist die konkrete Übersetzung in den Führungsalltag. Was bedeutet etwa „Respekt" in schwierigen Mitarbeitergesprächen? Wie zeigt sich „Verantwortung" im Umgang mit Zielkonflikten? Welche Entscheidung ist noch „mutig", und ab wann wird sie riskant? Indem du mit Führungskräften solche Fragen durchspielst, stärkst du ihre Integrität und ihre Klarheit im Handeln.

Wertearbeit im Leadership-Coaching bedeutet auch, den Umgang mit Macht zu reflektieren. Macht ist in Führungspositionen allgegenwärtig. Sie kann gestaltet, vernachlässigt oder missbraucht werden. Führungskräfte nehmen nicht nur Einfluss auf Entscheidungen, sondern auch auf das Klima in der Organisation, auf das Sicherheitsgefühl in Teams und auf die Entwicklungsmöglichkeiten einzelner Personen. Macht zu haben, heißt Verantwortung zu tragen, ob bewusst oder unbewusst. Genau deshalb ist es entscheidend, sich diesem Thema mit Klarheit, Demut und innerer Aufrichtigkeit zu widmen.

Eine wertebasierte Perspektive hilft, mit dieser Macht verantwortlich umzugehen. Sie lädt dazu ein, den eigenen Umgang mit Einfluss kritisch zu hinterfragen: Wie gehe ich mit Hierarchie um? Wie treffe ich Entscheidungen? Welche Signale sende ich durch mein Verhalten in Machtpositionen? Eine reflektierte Machtpraxis bedeutet nicht, sich zurückzunehmen oder zu relativieren, sondern vielmehr, Macht als Gestaltungskraft zu nutzen, im Dienste von Menschen, von gemeinsamen Zielen und einer gesunden Unternehmenskultur.

Sie fordert auf, Macht nicht zu verstecken, sondern sie bewusst im Sinne einer dienenden Haltung zu nutzen. Das bedeutet, Klarheit zu schaffen, Orientierung zu geben, Verantwortung zu übernehmen und dabei das Gegenüber nicht zu übergehen. Werte wie Fairness, Integrität, Transparenz oder Mut werden so zu inneren Leitplanken, die Führung nicht nur effektiv, sondern auch menschlich machen. Gerade in schwierigen Situationen, bei Personalentscheidungen, in Konflikten oder in Phasen des Wandels, zeigt sich, wie tragfähig die eigene Wertebasis tatsächlich ist. Wer sie kennt und lebt, führt mit Haltung. Und wer mit Haltung führt, gibt anderen Halt.

Dabei ist es hilfreich, die individuelle Wertebiografie einer Führungskraft zu erforschen. Welche Werte wurden früh geprägt? Welche haben sich im Lauf der beruflichen Entwicklung verändert? Welche wurden vielleicht zugunsten äußerer Erfolge verdrängt, und drängen nun zurück ins Bewusstsein? Solche Reflexionen schaffen Tiefe und geben Führungskräften Orientierung in Zeiten des Umbruchs, der Unsicherheit und der schnellen Entscheidungen. Auch kollektive Prägungen, etwa durch Branche, Organisationstyp oder kulturellen Hintergrund, sollten in die Reflexion einbezogen werden. Führung ist nie nur individuell. Sie steht immer im Wechselspiel mit größeren Systemen.

Werteorientierte Führung braucht Räume der Reflexion. Coaching bietet diesen Raum, sicher, vertraulich, offen. Es ermöglicht, sich jenseits des operativen Tagesgeschäfts mit sich selbst zu verbinden, innere Klarheit zu gewinnen und den eigenen Führungsstil bewusst zu gestalten. Als Coach oder Berater:in bist du dabei nicht nur Gesprächspartner, sondern auch Resonanzgeberin, Spiegel, Ermutigerin und manchmal auch Konfrontiererin. Du hilfst, blinde Flecken zu erkennen, Werte zu klären und daraus Haltung zu entwickeln. Diese Haltung wirkt nach außen, in die Organisation hinein, in Teams, in Kommunikation und in Entscheidungen.

Ein nicht zu unterschätzender Aspekt ist die emotionale Dimension von Wertearbeit in der Führung. Viele Führungskräfte erleben ein Gefühl der Entfremdung, wenn sie sich im Alltag immer wieder in Situationen wiederfinden, die nicht ihren Werten entsprechen. Diese Diskrepanz zwischen innerem Anspruch und äußerer Realität kann zu einem dauerhaften inneren Spannungszustand führen. Manche empfinden dies als persönlichen Widerspruch, der das Selbstbild erschüttert. Andere erleben Symptome wie Erschöpfung, emotionale Distanz, Gereiztheit oder ein zunehmendes Gefühl von Sinnverlust und innerer Leere.

Häufig sind es nicht einzelne Ereignisse, sondern die Summe vieler kleiner Grenzüberschreitungen, die zu dieser Entfremdung führen. Wenn das eigene Handeln nicht mehr mit der inneren Haltung übereinstimmt, entsteht kognitive Dissonanz, ein Zustand, der auf Dauer die innere Stabilität untergräbt. In solchen Fällen kann Wertearbeit entlastend und klärend wirken. Sie schafft Raum für Selbstklärung, öffnet den Zugang zu tieferliegenden Bedürfnissen und ermöglicht es, wieder in Verbindung mit der eigenen Sinnquelle zu treten. Indem Führungskräfte sich ihren Werten bewusst zuwenden, erkennen sie nicht nur, was ihnen fehlt, sondern auch, was sie stärkt.

Werte werden damit zur Ressource, nicht zur Belastung. Sie geben Orientierung, auch in unsicheren Zeiten. Sie erinnern daran, wofür man einmal angetreten ist, was das eigene berufliche Wirken ausmachen soll und wo persönliche Integrität beginnt. In der Reflexion mit einem Coach kann dies zu einem Wendepunkt werden, hin zu einem Führungsstil, der nicht auf Anpassung, sondern auf Echtheit und Verbundenheit beruht.

Mini-Übung: Dein persönlicher Führungswert

1. Notiere spontan drei Werte, die dir als Führungskraft besonders wichtig sind.
2. Wähle einen dieser Werte aus und beschreibe eine konkrete Alltagssituation, in der du diesen Wert gelebt hast.
3. Wie hat sich dieser Wert auf dein Verhalten ausgewirkt? Wie wurde er von deinem Umfeld wahrgenommen?
4. In welcher Situation ist es dir schwergefallen, diesen Wert zu leben? Warum?
5. Was brauchst du, um diesen Wert künftig noch bewusster und kraftvoller in deiner Führungsrolle zu verkörpern?

Diese Übung stärkt das Bewusstsein für die eigene Führungsidentität und schafft Verbindung zwischen innerer Haltung und äußerem Handeln. Sie lädt dazu ein, Führung nicht als Rolle zu verstehen, sondern als Ausdruck persönlicher Werte in der Verantwortung für andere.

Beratung in Bildung und Sozialer Arbeit: Werte als Fundament professionellen Handelns

In Bildungs- und sozialen Arbeitsfeldern sind Werte weit mehr als persönliche Überzeugungen. Sie bilden das Fundament für professionelles Handeln, prägen die Beziehungsgestaltung, beeinflussen methodische Entscheidungen und steuern die Haltung gegenüber Klientinnen, Schülern, Teilnehmenden oder Familien. Werte wie Respekt, Teilhabe, Gerechtigkeit, Empathie und Menschenwürde gehören in diesen Kontexten nicht nur zum berufsethischen Repertoire, sondern sind wesentlicher Bestandteil der alltäglichen Praxis. Umso bedeutsamer ist es, diese Werte nicht nur zu benennen, sondern sie bewusst zu reflektieren, zu verankern und in schwierigen Situationen zu vertreten.

Gerade in der pädagogischen und sozialen Arbeit treffen Fachkräfte auf eine hohe Vielfalt an Weltbildern, Lebensrealitäten und Werthaltungen. Diese Pluralität verlangt eine professionelle Haltung, die zwischen Offenheit und Klarheit balanciert. Es geht nicht darum, eigene Werte aufzuzwingen, sondern darum, mit einer klaren wertebasierten Ausrichtung Orientierung zu geben, ohne Bewertungen überzustülpen. Diese Haltung ist lernbar, und sie wird gestärkt durch kontinuierliche Selbstreflexion, kollegialen Austausch und eine lebendige Wertekommunikation im Team.

Ein zentrales Spannungsfeld in Bildung und sozialer Arbeit ist das Verhältnis zwischen Hilfe und Autonomie.

Fachkräfte möchten unterstützen, stärken und begleiten, und geraten dabei nicht selten in die Versuchung,
zu steuern oder zu bevormunden. Eine werteorientierte
Haltung hilft, diesen Spannungsbogen bewusst zu gestalten. Sie fragt: Welche Haltung leitet mich, wenn ich
fördere? Wie viel Raum gebe ich der Selbstverantwortung meines Gegenübers? Und wie gehe ich mit meinen
eigenen inneren Grenzen, Haltungen oder Bedürfnissen
um? Diese Fragen betreffen nicht nur das methodische
Vorgehen, sondern auch das Selbstverständnis als Fachperson.

Ein reflektierter Umgang mit Werten schützt davor, in
einen Helferreflex zu verfallen oder aus unbewusster
Bedürftigkeit übermäßige Verantwortung zu übernehmen. Denn hinter einem übersteigerten Unterstützungs-
wunsch stehen nicht selten eigene unerfüllte Bedürfnisse, etwa nach Anerkennung, Bedeutung oder
Kontrolle. Wer seine Werte bewusst reflektiert, erkennt
diese inneren Beweggründe, kann sich klarer abgrenzen
und anderen in professioneller Verantwortung begegnen.

Zugleich schafft wertebewusstes Handeln eine gesunde
Distanz, die es ermöglicht, die Autonomie und Würde
der begleiteten Menschen zu respektieren. Anstatt in
ein unbewusstes Rettermuster zu verfallen, wird eine
Haltung kultiviert, die Entwicklung unterstützt, ohne zu
entmündigen. Diese Haltung erkennt an, dass jede Person ihre eigene Geschichte, ihre Ressourcen und ihren
individuellen Weg mitbringt. Sie stellt sich nicht über das
Gegenüber, sondern begleitet auf Augenhöhe, mit Vertrauen in die Fähigkeit zur Selbstgestaltung.

Wertearbeit eröffnet so einen bewussteren Umgang mit Macht, Einfluss und Verantwortung. Sie macht sichtbar, wo Überforderung droht, wo Grenzen gezogen werden müssen und wo echter Kontakt auf Augenhöhe möglich ist. Die Selbstwirksamkeit der begleiteten Menschen wird gestärkt, weil sie in einem Feld wahrgenommen werden, das von Respekt, Klarheit und echter Beziehung getragen ist.

Wertearbeit in diesen Feldern ist nicht nur ein persönlicher Prozess, sondern auch ein organisationaler Auftrag. Viele Einrichtungen formulieren Leitbilder, in denen Werte wie Diversität, Partizipation oder Empowerment betont werden. Doch diese Leitbilder bleiben oft abstrakt, wenn sie nicht im Alltag erlebbar gemacht werden. Hier braucht es Räume für Teams, um gemeinsam zu reflektieren: Wie leben wir diese Werte im Alltag? Wo erleben wir Spannungen zwischen Anspruch und Wirklichkeit? Welche Haltungen wollen wir stärken, und welche Dynamiken kritisch hinterfragen? Eine lebendige Wertekultur zeigt sich nicht in Broschüren, sondern im Miteinander, in der Art zu kommunizieren, zu entscheiden und zu kooperieren.

Auch Machtverhältnisse spielen in der Bildungs- und Sozialarbeit eine zentrale Rolle. Wer mit Kindern, Jugendlichen oder vulnerablen Gruppen arbeitet, trägt eine besondere Verantwortung. Macht wird oft subtil ausgeübt: durch Sprache, durch Regeln, durch Erwartungen. Eine bewusste werteorientierte Reflexion schützt vor Grenzverletzungen und ermöglicht einen respektvollen, empowernden Umgang auf Augenhöhe. Wertearbeit schafft hier nicht nur Orientierung, sondern wirkt auch präventiv gegen Überforderung, Rollenkonflikte und institutionalisierte Ungleichheit.

Sie eröffnet zudem einen Dialog über Rollenverständnisse: Welche Form von Autorität ist legitim? Wie wird Verantwortung verteilt? Wie kann man fördern, ohne zu entmündigen? Diese Fragen sind keineswegs theoretisch, sondern zeigen sich in der täglichen Praxis, etwa in Konflikten über Zuständigkeiten, in Unklarheiten über Entscheidungswege oder in Missverständnissen zwischen Fachkräften mit unterschiedlichen Professionen.

Gerade in interdisziplinären Teams, in multiprofessionellen Netzwerken oder im Zusammenspiel mit Familien und Institutionen ist es entscheidend, sich nicht nur über fachliche Inhalte, sondern auch über gemeinsame Werte zu verständigen. Solche Werte bilden das Fundament einer tragfähigen, dialogorientierten und respektvollen Zusammenarbeit. Sie klären implizite Erwartungen, helfen bei der Rollenklärung und geben Sicherheit in komplexen oder konflikthaften Situationen.

Wertehaltungen wirken hier wie eine gemeinsame Sprache, die über disziplinäre Grenzen hinaus verbindet. Wenn klar ist, dass alle Beteiligten sich auf Prinzipien wie Transparenz, Augenhöhe, Verlässlichkeit oder Partizipation stützen, entsteht ein Kooperationsklima, das Entwicklung möglich macht, nicht nur bei den betreuten Menschen, sondern auch im Team selbst.

Werte in der sozialen Arbeit und Bildung wirken auch in die Selbstsorge hinein. Wer sich tagtäglich für andere einsetzt, läuft Gefahr, eigene Grenzen zu übergehen. Die

Klarheit über die eigenen Werte unterstützt Fachkräfte darin, sich selbst ernst zu nehmen und für die eigenen Bedürfnisse einzustehen. Wer den Wert der Empathie lebt, darf nicht auf Selbstfürsorge verzichten. Wer Gerechtigkeit anstrebt, muss sich selbst gegenüber fair bleiben. Wertearbeit fördert so nicht nur die Qualität professioneller Beziehungen, sondern stärkt auch die Resilienz der Fachkräfte selbst.

Langfristig ermöglicht eine wertebasierte Selbstfürsorge, dass Menschen in helfenden Berufen gesund bleiben und mit innerer Stimmigkeit arbeiten. Sie beugt dem Gefühl vor, sich selbst zu verlieren oder in Strukturen unterzugehen. Wer die eigenen Werte kennt, kann auch besser mit schwierigen Rahmenbedingungen, systemischen Begrenzungen oder ethischen Dilemmata umgehen, weil er weiß, wofür er steht und wo persönliche Integrität beginnt.

Mini-Übung: Werte in der pädagogischen oder sozialen Beziehungsgestaltung

1. Wähle eine konkrete Situation aus deiner beruflichen Praxis, die dich emotional bewegt oder herausgefordert hat.
2. Welche deiner Werte waren in dieser Situation besonders spürbar?
3. Inwiefern konntest du ihnen gerecht werden, und wo vielleicht nicht?
4. Was würdest du heute anders machen?
5. Was brauchst du, um deinen zentralen beruflichen Werten künftig noch bewusster Raum zu geben?

Diese Übung unterstützt dich dabei, deine Haltung zu schärfen und den Transfer von Wertbewusstsein in die Praxis zu stärken. Sie macht deutlich: Werte sind kein Ideal, sondern lebendige Orientierung im Alltag, tragend, klärend und richtungsgebend.

Teil 2: Methoden der Wertearbeit

Biografisches Arbeiten mit Werten

Werte sind eng mit unserer Lebensgeschichte verwoben. Sie entwickeln sich aus Erfahrungen, Begegnungen und Prägungen. Biografisches Arbeiten mit Werten bietet dir als Coach oder Berater:in einen kraftvollen Zugang, um diese tieferliegenden Bezüge bei deinen Klientinnen und Klienten sichtbar und verstehbar zu machen. Für deine Praxis eröffnet dieser Ansatz neue Möglichkeiten, Menschen in die Selbstreflexion zu begleiten und Veränderungsprozesse auf einer sinnstiftenden Ebene zu verankern.

Im Zentrum des biografischen Arbeitens steht die Frage: Wann und wodurch ist ein bestimmter Wert im Leben eines Menschen wichtig geworden? Wer oder was hat ihn darin geprägt? Welche Erlebnisse haben gezeigt, dass dieser Wert Bedeutung hat? Durch die Rückschau auf prägende Situationen, Wendepunkte oder Schlüsselbeziehungen wird deutlich, dass Werte nicht einfach gewählt werden, sondern dass sie erlebt, erschüttert, bekräftigt oder neu entdeckt werden.

Als beratende Fachperson liegt deine besondere Kompetenz darin, die individuelle Werteentwicklung deiner Klient:innen verstehbar zu machen. Du hilfst ihnen, unbewusste Motive zu entschlüsseln, tieferliegende Bedürfnisse zu erkennen und die Herkunft ihrer inneren Überzeugungen zu begreifen. Oft lassen sich dadurch wiederkehrende Muster, innere Blockaden oder scheinbar irrationale Reaktionen aufklären, denn hinter vielem steht ein zentraler, berührter oder verletzter Wert.

Darüber hinaus kann die biografische Wertearbeit helfen, alte Widersprüche zu versöhnen. Viele Menschen tragen Spannungen in sich, weil sie übernommene Werte aus ihrer Kindheit nicht mit dem in Einklang bringen können, was sie heute als stimmig erleben. Hier entsteht Raum für Entwicklung. Wenn der Unterschied zwischen fremden und eigenen Werten erkannt wird, kann sich die innere Stimme deutlicher zeigen. Die biografische Reflexion fördert Selbstakzeptanz und den Mut, den eigenen Weg zu gehen, auch wenn er von der ursprünglichen Prägung abweicht.

Du kannst diesen Prozess durch eine Vielzahl an methodischen Zugängen begleiten. Besonders hilfreich ist das Erzählen und Reflektieren von Lebensgeschichten. Durch gezielte Fragen wie „Welche Entscheidung in deinem Leben war dir besonders wichtig?" oder „Wann hast du zum ersten Mal gespürt, dass dir Vertrauen, Freiheit oder Zugehörigkeit besonders am Herzen liegt?" wird ein Dialog angestoßen, der tiefere Schichten erreicht. Die narrative Struktur gibt Halt und öffnet gleichzeitig emotionale Räume.

Auch kreative Methoden wie das Erstellen eines Werte-Lebensbandes, Collagen, Zeitachsen oder das Schreiben von Briefen an das eigene frühere Selbst eignen sich hervorragend, um biografische Werte sichtbar zu machen. Das Werte-Lebensband ist eine grafische Darstellung, bei der du auf einem Zeitstrahl zentrale Lebensphasen markierst und die jeweils prägenden Werte hinzufügst. Diese visuelle Form erlaubt es deinen Klient:innen, Muster und Entwicklungslinien zu erkennen und zu reflektieren, welche Werte sich durch ihr Leben ziehen oder an bestimmten Punkten verändert haben.

Bei der Collagenarbeit werden Werte in Form von Bildern, Symbolen oder Textfragmenten auf einem Blatt dargestellt. Diese Methode spricht besonders emotionale und intuitive Ebenen an. Die Auswahl und Anordnung der Elemente lässt Rückschlüsse auf innere Prioritäten, Konflikte oder Sehnsüchte zu. Der kreative Prozess selbst wirkt oft klärend und öffnet neue Zugänge zum eigenen Selbstbild.

Biografische Zeitachsen, bei denen Klient:innen ihre Lebensgeschichte chronologisch darstellen und mit persönlichen Werten verbinden, schaffen Struktur und helfen, Ereignisse in einen wertebezogenen Zusammenhang zu stellen. Durch die Reflexion, wann ein Wert erstmals spürbar war oder verletzt wurde, entsteht oft ein vertieftes Verständnis für heutige Reaktionen oder Bedürfnisse.

Das Schreiben eines Briefes an das frühere Selbst eröffnet einen besonders berührenden Raum für Selbstmitgefühl und Integration. Deine Klient:innen treten mit ihrer eigenen Vergangenheit in Kontakt, anerkennen die damaligen Herausforderungen und entdecken, welche Werte ihnen damals geholfen oder gefehlt haben. Dieser innere Dialog kann stärkend, versöhnend und richtungsweisend wirken.

Du kannst diese Formate mit anderen Methoden kombinieren, etwa mit dem Inneren Team nach Schulz von Thun, bei dem verschiedene Persönlichkeitsanteile ins

Gespräch gebracht werden, um unterschiedliche Werthaltungen innerhalb eines Menschen zu verstehen. Aufstellungsarbeit – ob mit Bodenankern, Figuren oder systemischen Formaten – macht Werte sichtbar, indem sie in Beziehung zueinander gesetzt und räumlich erfahrbar gemacht werden. Imaginationsübungen wie geführte innere Reisen zu prägenden Situationen, inneren Bildern oder symbolischen Räumen erlauben es, Werte nicht nur zu benennen, sondern emotional zu spüren und im Körper zu verankern.

So entsteht eine Verbindung zwischen Kognition, Emotion und Körperwahrnehmung, eine Ganzheitlichkeit, die in der Wertearbeit besonders wirksam ist. Du unterstützt damit nicht nur das Verstehen, sondern auch das Verankern und Umsetzen von Werten im Alltag deiner Klient:innen.

Ermutige deine Klientinnen und Klienten dazu, die Herkunft ihrer Werte nicht nur zu verstehen, sondern sie auch zu fühlen. Denn echte Veränderung geschieht dort, wo Denken, Fühlen und Handeln in Einklang kommen. Wenn ein Mensch spürt, dass ein bestimmter Wert ihn durch viele Lebensphasen begleitet hat, entsteht eine neue Tiefe. Ebenso kann das Erkennen, dass ein Wert vielleicht aus Loyalität übernommen wurde, Klarheit und Befreiung bringen. Du gibst damit deinen Klient:innen die Möglichkeit, sich neu zu positionieren, innerlich wie äußerlich.

Gerade in Übergangsphasen wie Berufswechsel, Trennung, Elternschaft oder Ruhestand entfaltet diese Form der Reflexion besondere Wirkung. In diesen Zeiten werden vertraute Strukturen, Rollenbilder und Sicherheiten hinterfragt oder aufgelöst. Das führt oft zu Unsicherheit, innerer Unruhe oder dem Gefühl, sich selbst verloren zu haben. Wertearbeit bietet in solchen Momenten Orientierung. Sie macht sichtbar, was bleibt, wenn Äußeres wegbricht, und was von innen heraus trägt.

Auch bei Identitätsfragen, Erschöpfung, Burnout oder persönlichen Krisen hilft dir biografisches Wertearbeiten, gemeinsam mit deinen Klient:innen neue Perspektiven zu öffnen. Eine hilfreiche Methode in diesem Kontext ist das **Schreiben eines Zukunftsbriefes**: Deine Klientin oder dein Klient verfasst einen Brief aus der Sicht der eigenen Zukunft an das gegenwärtige Ich und beschreibt, welche Werte in der Zukunft gelebt wurden, was sich verändert hat und woraus neue Kraft entstanden ist. Diese Übung stärkt das Vertrauen in innere Ressourcen und öffnet den Blick auf Entwicklungsmöglichkeiten.

Ein weiteres hilfreiches Instrument ist die sogenannte **„Werte-Matrix"**. Hier wird gemeinsam mit der Klientin oder dem Klienten eine Übersicht erstellt, welche Werte in verschiedenen Lebensbereichen gerade präsent sind, welche fehlen und welche wiederbelebt werden wollen. Das fördert Klarheit und hilft dabei, konkrete Schritte für Veränderung abzuleiten.

Du begleitest dabei einen Prozess, der nicht nur zur Neuorientierung führt, sondern auch Versöhnung mit der eigenen Geschichte ermöglichen kann. Indem deine Klient:innen erkennen, wie sehr sie von bestimmten

Werten geprägt wurden, entsteht häufig ein Gefühl von Kohärenz und Selbstachtung. Selbst schwierige Erfahrungen lassen sich so in einen größeren Sinnzusammenhang stellen und verlieren an Schwere. Diese Form der Integration kann heilsam sein und einen Neubeginn ermöglichen, der auf innerer Stimmigkeit statt auf äußeren Erwartungen basiert.

Deine Haltung ist dabei entscheidend. Biografische Arbeit mit Werten verlangt keine schnellen Antworten, sondern Präsenz, Einfühlung und echtes Interesse. Es geht nicht darum, Ratschläge zu geben, sondern Resonanzräume zu eröffnen. Ermögliche deinen Klientinnen und Klienten, ihren eigenen roten Faden zu entdecken , mit deiner Aufmerksamkeit, deiner Reflexionskompetenz und deiner Bereitschaft, auch stille, zarte oder widersprüchliche Geschichten auszuhalten.

Mini-Übung: Dein Werteweg

1. Zeichne eine Zeitlinie deines bisherigen Lebens mit wichtigen Stationen, Herausforderungen oder Wendepunkten.
2. Notiere bei jeder Station, welcher Wert für dich dort bedeutsam war, entweder durch positive Erfahrung oder durch Verletzung dieses Wertes.
3. Wähle zwei dieser Werte aus. Wann hast du sie besonders stark gespürt? Was hat dich darin bestärkt?
4. Gibt es Werte, die du in deinem Leben vielleicht neu entdecken oder wiederbeleben möchtest?
5. Was bedeutet dieser biografische Rückblick für deinen heutigen Umgang mit Werten?

Diese Übung hilft dir, persönliche Werte nicht nur zu benennen, sondern in ihrer Herkunft und Wirkkraft zu verstehen. Sie zeigt dir, wie viel Kraft in der biografischen Auseinandersetzung mit Werten liegt, und wie du Menschen dabei unterstützt, ihre Geschichte als Quelle von Sinn, Entwicklung und innerer Ausrichtung zu begreifen.

Einsatz narrativer, systemischer und kreativer Methoden

Wertearbeit lebt von Tiefe, Resonanz und Authentizität. Damit sich diese Qualitäten entfalten können, brauchst du als Coach oder Berater:in Methoden, die nicht nur auf der kognitiven Ebene ansetzen, sondern auch emotionale, symbolische und körperliche Zugänge eröffnen. Gerade narrative, systemische und kreative Methoden ermöglichen es, Werte in ihrer Komplexität und Lebendigkeit zu erfassen. In diesem Kapitel lernst du zentrale Ansätze kennen, mit denen du deine Klient:innen dabei unterstützen kannst, ihre Werte zu erforschen, zu verstehen und im Alltag zu verankern.

Narrative Methoden

Narrative Methoden basieren auf dem Erzählen und Reflektieren von Geschichten. Sie gehen davon aus, dass Menschen sich über narrative Strukturen mit ihrer Identität verbinden. In der Wertearbeit helfen sie, biografische Kontexte zu erschließen, Bedeutungen zu klären und Ressourcen sichtbar zu machen.

Eine bewährte narrative Methode ist das **Lebensbuch**. Dabei erinnert sich deine Klientin oder dein Klient an prägende Episoden aus dem eigenen Leben, in denen ein bestimmter Wert — etwa Vertrauen, Gerechtigkeit oder Mut — eine zentrale Rolle spielte. Diese Erlebnisse werden schriftlich oder mündlich festgehalten, oft beginnend mit Kindheitserinnerungen und weiterführend über Jugend- und Erwachsenenalter bis in die

Gegenwart. Ziel ist es, ein persönliches Werteprofil zu entwickeln, das aus der gelebten Erfahrung heraus sichtbar wird.

Als Coach begleitest du diesen Prozess nicht nur durch Zuhören, sondern durch gezielte Fragen: „Was hat diese Erfahrung für dich so bedeutsam gemacht?", „Was hast du über dich oder andere gelernt?", oder „Wie beeinflusst dieses Erlebnis deine heutigen Entscheidungen?" Du hilfst dabei, Muster zu erkennen, Bedeutungen herauszuarbeiten und Brücken zwischen verschiedenen Lebensphasen zu schlagen. Auf diese Weise entsteht ein innerer roter Faden, der die biografische Entwicklung mit der aktuellen Werteorientierung verknüpft.

Das Lebensbuch ist mehr als eine Sammlung von Geschichten. Es ist ein Prozess der Selbstvergewisserung, der deinen Klient:innen ermöglicht, sich ihrer inneren Ausrichtung bewusster zu werden und diese in zukünftige Entscheidungen zu integrieren. In einer erweiterten Variante können die Geschichten auch in symbolischer Sprache, durch Metaphern oder Bilder ergänzt werden, was den Zugang zu tieferliegenden Emotionen und nichtsprachlichen Erinnerungen fördert.

Du kannst die Arbeit mit dem Lebensbuch in verschiedenen Settings einsetzen. Sie eignet sich sowohl als strukturierte Schreibaufgabe über mehrere Sitzungen hinweg, als freie Erzählrunde im Coachinggespräch als auch als begleitete Selbstreflexion zwischen zwei Terminen. Besonders hilfreich ist es, wenn deine Klientin oder dein Klient am Ende des Prozesses selbst eine Zusammenfassung formuliert: „Was ich aus meinen Geschichten über meine Werte gelernt habe, ist …" Damit wird nicht nur reflektiert, sondern auch verinnerlicht.

Auch die Arbeit mit **Metaphern** ist ein kraftvolles Werkzeug. Metaphern erlauben es, komplexe emotionale und kognitive Inhalte in einem Bild zu verdichten. Wenn deine Klientin zum Beispiel sagt: „Verlässlichkeit ist für mich wie ein Anker", bietet diese Aussage einen symbolischen Zugang zu einem ihrer zentralen Werte. Du kannst diesen bildhaften Ausdruck gemeinsam weiter erforschen: Wann wurde dieser Anker gebraucht? Wann war er nicht verfügbar? Was hat ihn geschwächt, und was hat ihn stabilisiert? Welche Farbe, Form oder Größe hätte dieser Anker? Welche Bilder oder Erinnerungen tauchen in Verbindung mit ihm auf?

Diese Fragen eröffnen einen emotionalen Raum, in dem deine Klientin nicht nur über Werte spricht, sondern sie fühlt und mit ihrer eigenen Lebensrealität verknüpft. Du kannst sie auch einladen, die Metapher kreativ umzusetzen. Zum Beispiel durch eine kleine Zeichnung, ein Symbol oder eine Szene, in der der Anker eine Rolle spielt. Dies fördert nicht nur das Bewusstsein für den Wert, sondern auch die persönliche Bindung daran.

Darüber hinaus lässt sich die Metapher weiterentwickeln. Du kannst fragen: Gibt es noch andere Symbole, die Verlässlichkeit für dich ausdrücken könnten? Vielleicht wird aus dem Anker ein Fels, eine Brücke oder eine Wurzel. Jede neue Metapher eröffnet neue Facetten des Wertverständnisses und gibt Hinweise auf Ressourcen, Herausforderungen oder Veränderungswünsche. Diese Arbeit ist besonders wirksam, wenn Worte nicht ausreichen, um innere Erfahrungen zu beschreiben oder wenn deine Klientin sich schwer tut, rationale Erklärungen zu geben. Metaphern führen dann auf eine tiefere Bedeutungsebene, die rational oft verborgen bleibt, aber emotional umso wirksamer ist.

Systemische Methoden

Systemische Methoden betrachten Werte im Zusammenhang mit Beziehungen, Rollen und Kontexten. Sie gehen davon aus, dass Werte nicht nur individuelle Überzeugungen sind, sondern sich in Wechselwirkung mit dem sozialen und beruflichen Umfeld entwickeln und verändern. In der Praxis bedeutet das, dass du Werte nicht isoliert betrachten solltest, sondern immer auch ihre systemische Einbettung berücksichtigst. Zum Beispiel im Familiengefüge, im Team, in einer Organisation oder im kulturellen Kontext.

Eine besonders wirkungsvolle Methode ist die **systemische Aufstellung** von Werten. Hierbei werden zentrale Werte mit Bodenankern oder Symbolobjekten im Raum dargestellt. Deine Klientin oder dein Klient wird eingeladen, diese räumlich zu erkunden: Welche Position nehme ich zu diesem Wert ein? Wie weit entfernt oder wie nah fühlt sich dieser Wert an? Welche anderen Werte befinden sich in meiner Nähe und welche scheinen im Hintergrund zu stehen?

Du kannst zusätzlich Rollen für bestimmte Werte einnehmen oder andere Teilnehmer:innen in Gruppenprozessen bitten, Werte darzustellen. So entsteht ein begehbares inneres Bild, das Beziehungen zwischen gelebten, verdrängten und angestrebten Werten sichtbar macht. Deine Aufgabe als Begleiter:in besteht darin, mit gezielten Fragen die innere Dynamik zu erschließen: „Was verändert sich, wenn du näher an diesen Wert herantrittst?" oder „Welche Bewegung wäre hilfreich, um mehr Balance zwischen diesen beiden Werten herzustellen?"

Die Methode eignet sich besonders zur Bearbeitung innerer Konflikte, etwa wenn sich zwei wichtige Werte widersprechen. Zum Beispiel Loyalität gegenüber der Familie und Autonomie im Beruf. In der Aufstellung wird nicht nur der kognitive Konflikt erfahrbar, sondern auch seine emotionale und körperliche Dimension. Durch das Nachspüren im Raum kann deine Klientin oder dein Klient neue Perspektiven einnehmen und sich selbst in einer neuen, stimmigeren inneren Ordnung erleben.

Systemische Wertaufstellungen lassen sich auch sehr gut mit Zielarbeit kombinieren. Du kannst Werte und Ziele gemeinsam aufstellen und gemeinsam erforschen, wie kongruent sie zueinander stehen. So wird sichtbar, ob ein Ziel aus einem tief verankerten inneren Wert erwächst oder eher einem äußeren Erwartungsdruck folgt. Diese Erkenntnisse führen oft zu tiefer Klärung und motivieren zu nachhaltiger Veränderung.

Eine Variante ist die **Werte-Dreieck-Aufstellung**. Dabei werden drei zentrale Werte, die für deine Klientin aktuell besonders relevant sind, in Form eines gleichseitigen oder asymmetrischen Dreiecks im Raum markiert. Zum Beispiel mit Papierbögen, Stoffstücken oder Gegenständen. Jeder dieser Punkte steht für einen Wert, der in der aktuellen Lebenssituation eine wichtige Rolle spielt. Deine Klientin wird eingeladen, sich nacheinander auf jeden Punkt zu stellen oder sich ihm anzunähern und wahrzunehmen, was dort innerlich spürbar wird.

Sie beschreibt dann, wie sich die Verbindung zu diesem Wert im Moment anfühlt. Gibt es Nähe oder Distanz? Erlebt sie Zustimmung, Spannung oder ein inneres Zögern? Welche Bilder, Gedanken oder Körperempfindungen tauchen auf?

Durch den Wechsel der Perspektiven innerhalb des Dreiecks wird ein innerer Dialog zwischen den Werten ermöglicht. Die Klientin kann etwa spüren, wie sich der Wert „Sicherheit" im Vergleich zu „Freiheit" oder „Verantwortung" anfühlt. Dabei zeigen sich nicht nur Prioritäten, sondern oft auch bislang unerkannte Konflikte oder Überlagerungen.

Diese Übung hilft, Ambivalenzen zu klären, die oft unbewusst wirken, aber starke Auswirkungen auf Entscheidungen und Beziehungen haben. Du kannst dabei unterstützen, indem du Raum für das Nachspüren gibst, Impulsfragen stellst und die emotionale Tiefe absicherst. In einem anschließenden Reflexionsgespräch können neue Lösungsansätze, Ausgleichsbewegungen oder stimmige Entscheidungen formuliert werden.

Die Werte-Dreieck-Aufstellung eignet sich besonders gut für Klient:innen, die vor komplexen Entscheidungen stehen oder das Gefühl haben, zwischen unterschiedlichen Anforderungen zu stehen. Durch die räumliche Anordnung und das körperliche Erleben entsteht ein ganzheitliches Bild der inneren Wertewelt. Oft mit überraschenden Einsichten und spürbarer Erleichterung.

Auch mit dem **Genogramm** lassen sich Wertekonflikte und Traditionen erforschen. Welche Werte wurden in der Familie weitergegeben? Welche wurden gebrochen oder neu entdeckt? Hier entsteht nicht nur Verständnis für die eigene Herkunft, sondern auch Spielraum für individuelle Neuorientierung.

Kreative Methoden

Kreative Methoden öffnen emotionale Räume und ermöglichen einen Zugang zu inneren Prozessen, der über Sprache allein oft nicht möglich ist. Sie helfen besonders dann, wenn rationale Zugänge blockiert sind oder Gefühle noch nicht klar benannt werden können. Durch Farben, Formen, Symbole, Bewegung oder Klang können Werte auf einer bildhaften, sinnlichen Ebene erfahrbar gemacht werden, nicht als Konzepte, sondern als persönliche Bedeutungen.

Eine besonders wirkungsvolle Methode ist das **Gestalten eines Wertebildes**. Dabei wählt deine Klientin intuitiv Farben, Formen oder Symbole aus, die einen bestimmten Wert repräsentieren. Das kann mit Malmaterialien, Collageteilen oder Gegenständen geschehen. In einem zweiten Schritt wird das Bild betrachtet: Welche Details stechen hervor? Wo ist Bewegung, wo Ruhe? Welche Gefühle tauchen beim Betrachten auf? Dieses reflektierende Gespräch macht sichtbar, was sich im Bild unbewusst ausgedrückt hat, und bringt oft unerwartete Einsichten.

Eine weitere kreative Möglichkeit ist die Erstellung eines „Werte-Mandalas". Hier werden zentrale Werte in einem Kreis visualisiert und in Beziehung zueinander gesetzt. Dabei kann deutlich werden, welche Werte im Zentrum stehen, welche am Rand wirken, und wie sie miteinander verwoben sind. Das Mandala hilft, die innere Struktur der Wertewelt zu ordnen. Es fördert Balance, Fokus und die Erfahrung von Ganzheit.

Für bewegungsorientierte Klient:innen bietet sich die Arbeit mit Körperhaltungen oder kleinen szenischen Darstellungen an. Wie steht der Körper, wenn ein bestimmter Wert präsent ist? Welche Haltung nimmt er bei Unsicherheit ein? Durch diesen körperlichen Ausdruck wird spürbar, wie sich Werte im Alltag verkörpern, oder eben auch nicht. Solche Übungen lassen sich leicht mit Bodenankern, Gestik oder Symbolgegenständen verbinden.

Ein weiteres kreatives Format ist das Werte-Theater. Dabei nimmt deine Klientin verschiedene Rollen ein, die bestimmte Werte verkörpern. Diese Rollen treten miteinander in Dialog: etwa der Wert „Verantwortung", der mit „Leichtigkeit" ins Gespräch kommt. Du begleitest den Rollentausch und förderst dabei Perspektivwechsel, Empathie und die Klärung innerer Ambivalenzen. Am Ende dieses Prozesses wird oft sichtbar, welcher Wert mehr Raum braucht, und wie eine stimmige Integration gelingen kann.

Kreative Methoden bringen Bewegung in festgefahrene Denkstrukturen. Sie laden zum spielerischen Ausprobieren ein und eröffnen neue Perspektiven. Wichtig ist dabei, dass du als Coach eine wertschätzende, offene Atmosphäre schaffst. Es geht nicht um Ästhetik, sondern um Ausdruck und Erkenntnis. Wenn du deinen Klient:innen kreative Prozesse zutraust und mit ihnen in Resonanz gehst, werden sie oft selbst überrascht sein, wie klar und tief ihre inneren Antworten sein können.

Mini-Übung: Methodenvielfalt entdecken und anwenden

1. Wähle eine der im Kapitel beschriebenen Methoden aus.
2. Führe die Methode zunächst selbst durch, so wie du sie auch einem Klienten oder einer Klientin anbieten würdest.
3. Notiere anschließend, welche Erkenntnisse, Gefühle oder Widerstände bei dir aufgetaucht sind.
4. Überlege, wie du diese Methode in deiner Praxis einsetzen kannst: Bei welchem Thema? Für welche Zielgruppe? In welcher Phase des Beratungsprozesses?
5. Formuliere ein eigenes Beispiel, wie du diese Methode in einer konkreten Sitzung anleiten würdest, inklusive Einstiegsfrage, Prozessbegleitung und Auswertung.

Diese Übung hilft dir, Methoden nicht nur theoretisch zu kennen, sondern sie mit deiner eigenen Haltung und Erfahrung zu verbinden. So entsteht authentische, lebendige und wirksame Wertearbeit.

Die Logischen Ebenen nach Robert Dilts: Wertearbeit im Kontext von Veränderung und Identität

Die Logischen Ebenen nach Robert Dilts bieten dir ein kraftvolles Modell, um Veränderungen zu strukturieren und die Tiefe von Wertekonflikten oder Entwicklungsprozessen besser zu verstehen. Ursprünglich aus dem NLP-Kontext entwickelt, helfen die Logischen Ebenen dabei, Denk-, Fühl- und Handlungsebenen voneinander zu unterscheiden und gezielt miteinander zu verknüpfen. Für die Wertearbeit im Coaching und in der Beratung liefern sie dir eine differenzierte Perspektive darauf, wo ein Anliegen eigentlich „verortet" ist und auf welcher Ebene eine Intervention den größten Nutzen entfalten kann.

Die sechs Ebenen im Überblick

Robert Dilts unterscheidet sechs logische Ebenen, die hierarchisch aufeinander aufbauen und sich gegenseitig beeinflussen. Sie bilden eine hilfreiche Struktur, um persönliche Entwicklung, Veränderungsprozesse und auch Wertekonflikte gezielt zu analysieren und zu begleiten.

1. **Umwelt:** Diese Ebene beschreibt den äußeren Kontext. Sie beantwortet Fragen wie: Wo befinde ich mich? Mit wem interagiere ich? Welche Umstände, Orte, Zeiten oder Personen beeinflussen mein Denken und Handeln? Die Umwelt bildet den Rahmen, in dem Verhalten beobachtet wird. Im Coachingkontext lohnt sich hier die genaue Betrachtung des

Umfelds, etwa der Arbeitsplatz, die Familie oder das soziale Netzwerk.

2. **Verhalten:** Hier geht es um das beobachtbare Tun. Was mache ich konkret? Wie handle ich in bestimmten Situationen? Verhalten ist das sichtbarste Element im Alltag und oft der erste Ausdruck innerer Haltungen. In der Wertearbeit kann diese Ebene Hinweise darauf geben, ob Verhalten mit den eigenen Überzeugungen übereinstimmt oder eher aus Anpassung resultiert.

3. **Fähigkeiten:** Diese Ebene bezieht sich auf das „Wie". Welche Kompetenzen, Strategien und inneren Ressourcen nutze ich, um mein Verhalten zu gestalten? Dazu gehören auch Denkweisen, emotionale Fertigkeiten oder kommunikative Fähigkeiten. Als Coach kannst du hier gemeinsam mit deiner Klientin erkunden, welche inneren oder erlernten Mittel ihr zur Verfügung stehen, um in Übereinstimmung mit ihren Werten zu handeln.

4. **Überzeugungen und Werte:** Hier beginnt die tiefere Reflexion. Was ist mir wichtig? Woran glaube ich? Welche inneren Haltungen bestimmen mein Handeln? Diese Ebene hat eine starke motivierende Wirkung. Sie beeinflusst sowohl die Bewertung von Erfahrungen als auch Entscheidungen. Werte wirken häufig als Filter, durch den die Welt interpretiert wird, was wiederum unmittelbaren Einfluss auf Verhalten und Selbstbild hat.

5. **Identität:** Diese Ebene betrifft das Selbstverständnis. Wer bin ich? Wie sehe ich mich selbst in meinem Leben, meiner Rolle oder meiner Geschichte? Identitätsfragen sind oft mit zentralen Lebensentscheidungen und biografischen Umbrüchen

verbunden. Sie stehen in enger Verbindung mit den gelebten Werten und beeinflussen, wie Menschen sich in der Welt positionieren.

6. **Sinn, Zugehörigkeit, Vision:** Die höchste Ebene im Modell stellt die Frage nach dem größeren Zusammenhang. Wofür bin ich da? Welchem größeren Ganzen fühle ich mich verbunden? Was ist mein Beitrag, mein innerer Auftrag oder meine Berufung? Diese Ebene verleiht tiefe Orientierung und stiftet Sinn, gerade dann, wenn äußere Ziele oder Rollen sich verändern.

Die Werteebene steht im Zentrum dieses Modells, da sie sowohl tieferliegende Identitätsthemen beeinflusst als auch konkrete Verhaltensmuster steuert. Werte verbinden das, was Menschen tun, mit dem, was ihnen wichtig ist. Sie bilden sozusagen das emotionale Betriebssystem, auf dem Entscheidungen, Handlungen und Ziele beruhen. dieses Modells, da sie sowohl tieferliegende Identitätsthemen beeinflusst als auch konkrete Verhaltensmuster steuert. Werte verbinden das, was Menschen tun, mit dem, was ihnen wichtig ist, sie bilden sozusagen das emotionale Betriebssystem, auf dem Entscheidungen, Handlungen und Ziele beruhen.

Anwendung in der Beratungspraxis

In deiner Arbeit mit Klient:innen kannst du die Logischen Ebenen nutzen, um Anliegen gezielt zu differenzieren. Wenn jemand zum Beispiel sagt: „Ich bin oft unzufrieden in meinem Job", lohnt es sich zu fragen:

- Liegt das Thema auf der Verhaltensebene (Wie arbeite ich?)
- Auf der Umweltebene (Wo arbeite ich?)
- Oder auf der Werte- und Identitätsebene (Was ist mir wichtig? Wer bin ich in meinem Beruf?)

Diese Differenzierung schafft Klarheit darüber, ob ein oberflächlich wirkendes Problem eigentlich einen tieferliegenden Wertekonflikt berührt. Ein Mensch, der sich zum Beispiel an äußeren Anforderungen orientiert, obwohl ihm Selbstbestimmung und Kreativität wichtig sind, erlebt eine tiefe innere Spannung – selbst wenn das Verhalten nach außen gut funktioniert.

Werte als Schlüssel zur Veränderung

Veränderung gelingt nachhaltiger, wenn sie auf der passenden Ebene ansetzt. Jede der Logischen Ebenen steht in Verbindung mit den anderen, doch nicht jede Intervention wirkt auf allen Ebenen gleich. Wenn ein Problem auf der Ebene der Überzeugungen oder der Identität verankert ist, reicht es oft nicht aus, lediglich am Verhalten anzusetzen. Neue Handlungsstrategien mögen kurzfristig hilfreich sein, verlieren aber ihre Wirkung, wenn sie nicht im Einklang mit den inneren Werten und dem Selbstbild stehen. Genau hier zeigt sich die Bedeutung der Werteebene: Sie fungiert als Bindeglied zwischen tieferliegender Identität und sichtbarem Verhalten.

Umgekehrt kann es sehr kraftvoll sein, über eine bewusste Auseinandersetzung mit den eigenen Werten neue Handlungsspielräume zu eröffnen – selbst dann, wenn sich die äußeren Umstände nicht verändern. Wer sich seiner Werte wieder bewusst wird, erlebt häufig eine neue Klarheit und Handlungsfähigkeit. Statt sich von äußeren Bedingungen einschränken zu lassen, entsteht innere Orientierung, die zu einem stimmigeren Umgang mit der Umwelt, dem eigenen Verhalten und den persönlichen Zielen führt. Die Wertearbeit wirkt somit wie ein Kompass, der Veränderungen nicht nur ermöglicht, sondern auch nachhaltig verankert.

Nutze das Modell der Logischen Ebenen deshalb als Werkzeug, um gemeinsam mit deiner Klientin herauszufinden, auf welcher Ebene Veränderung anstehen könnte, und was sie dort konkret unterstützen würde. Wenn du spürst, dass ein Thema stark emotional aufgeladen ist, ist das ein Hinweis auf die Werte- oder Identitätsebene. Hier sind Interventionen gefragt, die nicht nur analysieren, sondern Verbindung schaffen: zwischen Kopf, Herz und Handlung.

Methodische Impulse zur Arbeit mit den Logischen Ebenen

Du kannst die Logischen Ebenen auch visuell oder räumlich darstellen, zum Beispiel durch Karten, Symbole oder Bodenanker. Lass deine Klientin auf den jeweiligen Positionen stehen und beschreiben, was sie dort wahrnimmt. So wird erfahrbar, wie sich eine Entscheidung auf verschiedenen Ebenen anfühlt. Auch biografisches Arbeiten, Werte-Collagen oder innere Dialoge lassen sich gut mit diesem Modell verbinden – etwa durch die Frage: "Welche Ebene kommt in dieser Geschichte besonders stark zum Ausdruck?"

Mini-Übung: Dein Thema in den Logischen Ebenen

1. Denke an ein aktuelles Anliegen oder eine Entscheidung, die dich beschäftigt.
2. Gehe gedanklich oder mit Bodenankern durch die sechs Ebenen: Wo zeigt sich dein Thema jeweils? Was spürst du auf jeder Ebene?
3. Notiere für jede Ebene eine kurze Reflexion: Was ist da gerade stimmig, was fehlt?
4. Welche Ebene ruft am stärksten nach Aufmerksamkeit?
5. Was brauchst du, um auf dieser Ebene einen nächsten stimmigen Schritt zu gehen?

Diese Übung macht erfahrbar, wie Werte mit anderen inneren Dimensionen zusammenhängen, und wie du sie gezielt für wirksame Veränderungsprozesse nutzen kannst.

Abschließende Reflexion

Am Ende dieses Buches bist du eingeladen, innezuhalten. Nicht nur, um das Gelesene zu verarbeiten, sondern um es auf dich selbst wirken zu lassen. Du hast dich mit der Bedeutung von Werten im Coaching und in der Beratung auseinandergesetzt. Du hast unterschiedliche Methoden kennengelernt, Modelle reflektiert und Impulse erhalten, wie du Wertearbeit fundiert und praxisnah gestalten kannst. Jetzt geht es darum, das alles mit dir selbst zu verbinden.

Welche Gedanken begleiten dich, wenn du an deine eigene Wertebiografie denkst? Gibt es Werte, die du in deinem Leben stark lebst, und andere, die zu kurz kommen? Wo spürst du innere Übereinstimmung zwischen dem, was dir wichtig ist, und dem, wie du handelst? Und wo erlebst du Widerspruch, Ambivalenz oder vielleicht auch einen inneren Ruf zur Veränderung?

Wenn du mit Menschen arbeitest, bist du selbst Teil jedes Prozesses. Deine Werte, deine Haltung, deine Geschichte fließen in jedes Gespräch mit ein. Diese innere Klarheit ist kein Ziel, das du einmal erreichst. Sie ist ein fortwährender Weg, eine Bewegung zwischen Entwicklung, Bewusstsein und gelebter Praxis. Manchmal sind es gerade die schwierigen Situationen, die uns unsere wahren Werte bewusst machen. Dort, wo wir irritiert, verletzt oder besonders berührt sind, lohnt es sich hinzuschauen, denn genau dort liegt oft der Schlüssel zu unserem inneren Kompass.

Erinnere dich an eine Begegnung, in der du gespürt hast: „Das bin ich. Das ist stimmig." Was war in diesem Moment präsent? Welche Werte hast du dort gelebt, bewusst oder unbewusst? Und was würde es bedeuten, diesen Moment nicht als Ausnahme, sondern als Richtschnur zu begreifen?

Nimm dir einen Moment Zeit, um zu fragen:

- Welche Werte prägen meinen professionellen Alltag?
- Welche Entscheidungen treffe ich regelmäßig auf der Grundlage dieser Werte?
- Wo habe ich gelernt, meine Werte zu vertreten, und wo vermeide ich es noch?
- Welche innere Haltung möchte ich in meiner Rolle als Coach oder Berater:in künftig stärken?
- Welche Werte möchte ich in meine Arbeit bewusst einladen?
- Wo habe ich meine Werte kompromittiert, aus Angst, Anpassung oder Gewohnheit?
- Und was würde sich verändern, wenn ich einem vernachlässigten Wert wieder Raum gebe?

Vielleicht magst du zum Abschluss ein persönliches Werte-Manifest schreiben. Ein kurzer Text, der beginnt mit: „Ich stehe für ..." und in dem du formulierst, was dich trägt, was dich leitet und was du einbringen möchtest, in deine Arbeit, deine Beziehungen und in das Leben, das du führen willst. Lass dieses Manifest wachsen, indem du es regelmäßig ergänzt, überprüfst oder neu formulierst. Es ist kein starres Dokument, sondern ein lebendiger Ausdruck deiner inneren Entwicklung.

Dieses Buch endet nicht mit einer Antwort, sondern mit einer Einladung: Lebe deine Werte bewusst. Lass dich von ihnen herausfordern, inspirieren und leiten. Lass sie zu inneren Wegweisern werden, die dich auch durch Unsicherheit und Veränderung führen. Was zählt, wirkt. Und was wirkt, darf von innen kommen, aus der Verbindung mit dem, was dir wirklich wichtig ist.